Herwig Slezak

DIE SCHÖNSTEN AUSFLÜGE

HITS FÜR KIDS IM BAYERISCHEN WALD

70 Freizeittipps für die ganze Familie
Die besten Abenteuer drinnen und draußen für das ganze Jahr

Mit Niederbayern

J. BERG

Inhalt

Abenteuer draußen

70 ausgewählte Ziele zeigen, wo Kids Abenteuer erleben.

Inhalt

Abenteuer drinnen

Spaßbäder – Badevergnügen drinnen

Feste

Vorwort – und ab geht die Post

Heute einen Gipfel erobern oder den Dschungel erforschen, morgen Tiere streicheln und im Wasser planschen, übermorgen rodeln oder Achterbahn fahren – so ein buntes Programm sorgt für Freude, denn Kinder lieben Abwechslung. Zu den abenteuerlichen Zielen, die dieser Familienführer verrät, zählen kindgerechte Wanderungen, bunte Freizeit-, Natur- und Tierparks, fetzige Spaßbäder, mächtige Burgen, lehrreiche Bergwerke, aufregende Schifffahrten und spannende Museumsdörfer. Neben aktuellen Infos zu klassischen Attraktionen werden weniger bekannte Orte aufgespürt, was sowohl Einheimischen als auch Urlaubern nutzt. So kommt jeder auf seine Kosten. Denn wenn es den Kleinen gefällt, dann wird nicht gequengelt, und die ganze Familie kann sich freuen.

Stadt, Land, Fluss – Bayerischer Wald und Hügelland

Niederbayern erstreckt sich von der Hallertau und der Mündung der Altmühl in die Donau im Westen bis zum Großen Arber mit 1456 m Höhe im Norden. Im Nordosten grenzt der Regierungsbezirk an die Tschechische Republik. Im Südosten bildet der Inn die natürliche Grenze zu Österreich. In Richtung Westen liegt München.

Die Donau teilt Niederbayern in zwei Hälften. In der nördlichen liegt der Bayerische Wald, der bis in die benachbarte Oberpfalz hineinreicht. Deutschlandweit mausert sich das Mittelgebirge zu einem der attraktivsten Familienreiseziele. Rund drei Viertel der in diesem Guide vorgestellten Touren liegen auf Europas grünem Dach, das sowohl mit seiner ursprünglichen Kraft verzaubert als auch jede Menge Action bietet.

Als geologische Besonderheit präsentiert sich der Pfahl. Dieses 140 Kilometer lange Quarzriff trennt den Vorderen vom Hinteren Bayerwald. Den Hinteren Wald wiederum prägt der etwa 3500 Fußballplätze (24 000 ha) große Nationalpark Bayerischer Wald. Zwei Bäume und die Sonne scheint mittendurch – so sieht sein Logo aus. Vor Ort erkennt man schnell, dass das Kerngebiet des Nationalparks einen fürs menschliche Auge teils bewusst ungepflegten Eindruck macht. »Natur Natur sein lassen«, so lautet die Devise.

Wer vom Bayerwald hinab in Richtung Südwesten die weiteren Regionen Niederbayerns besucht, erlebt erneut viel Nähe zur Natur sowie ein ungekünsteltes Landleben fernab touristischer Massen. Das dortige Hügelland durchziehen die Flusstäler von Abens, Großer und Kleiner Laaber, Isar, Vils und Rott wie die Adern eines Blattes. Gleichzeitig versprühen Städte wie Landshut oder Passau historisches Flair. So gibt es im südöstlichen Zipfel Deutschlands für jeden Geschmack, jeden Geldbeutel, bei jedem Wetter und zu jeder Jahreszeit etwas zu entdecken. Wo genau der Spaß an der Freude wartet, das zeigt dieser Familien-Freizeitführer aus der Reihe »Hits für Kids«.

Wie man sich bettet, so schläft man – Landleben pur.

Probieren geht über studieren

Ans Ziel kommen mit Bus und Bahn

Hand aufs Herz: Am bequemsten sind fast alle Ziele mit dem Auto zu erreichen. Die Anreise mit Bus oder Bahn wird in den Kapiteln zusätzlich angeführt, wenn klare Verbindungen bestehen.

Niederbayern durchzieht ein halbwegs passables Zugnetz, in Plattling und Passau hält der ICE. Den Bayerwald erreichen Bahnreisende am besten über Plattling, nur die Chamer Region über Schwandorf. Speziell für Mehrfahrten im Mittelgebirge empfiehlt sich das Bayerwald-Ticket, das das regionale DB- und Bus-Angebot (RBO) inklusive Waldbahn, Igel- und Falkensteinbussen für einen Tag (Mo–Fr erst ab 8 Uhr) zum günstigen Festpreis verbindet; Infos unter www.bayerwald-ticket.com. Gästekarten mit GUTi-Logo gelten dem Bayerwaldticket entsprechend als Freifahrschein. Übrigens: Im Nationalpark Bayerischer Wald sind im Sommer einige

Strecken für Autos gesperrt, als Ersatz verkehren sogenannte Igelbusse mit Erdgasmotor – und zwar von Mitte Mai bis Ende Oktober.

Außerhalb des Bayerwaldes eignet sich das Bayernticket oder das Südostbayernticket (Tageskarten zu einem Festbetrag für alle Regionalzüge, wochentags erst ab 9 Uhr), um bei längeren oder mehrfachen Fahrten kräftig zu sparen.

Was Wanderer und Einkehrer beachten sollten

Während auf einfachen Touren bequeme Freizeitschuhe ausreichen, bewahren in steinigem oder verwurzeltem Gelände richtige Wanderschuhe davor, sich die Knöchel zu verstauchen oder gar zu stürzen. Natürlich sollten Wanderer auf längeren Touren auf einen Wetterwechsel vorbereitet sein. Zudem gehören sowohl Sonnencreme als auch Handy zur zeitgemäßen Ausrüstung.

Auch diejenigen, die gerne ein Ausflugslokal anstreben, sollten für den kleinen Hunger und Durst zwischendurch eine Brotzeit einpacken. Denn in der frischen Luft werden Kinder schneller hungrig als zu Hause vor dem Nintendo. Und wie sehr sich hungrige Kinder von satten unterscheiden, braucht man Eltern wohl nicht zu erklären. In fast allen Gasthäusern sind Familien heutzutage willkommen. In der Regel verfügen die empfohlenen Lokale über einen Spielplatz und/oder ein Kinderkarte.

Zu guter Letzt – Hinweise und Ratschläge

Bitte legen Sie die angegebenen Altersempfehlungen vor allem bei Wanderungen nicht zu streng aus. Denn während manche Sechsjährige wie Ziegen durchs Gelände hüpfen, tun anderen älteren Kids ständig die Füße weh. Ob auf Schusters Rappen, beim Baden oder Klettern – Sie als Eltern kennen Ihren Nachwuchs und werden am besten Kräfte und Können vernünftig einschätzen.

Wer Rat sucht, dem hilft generell der Tourismusverband Ostbayern weiter. Die kostenfreie Hotline lautet 0800/121 21 11, die Internetadresse www.ostbayern-tourismus.de. Die Kontaktdaten der Infostellen vor Ort liefert der jeweilige Service-Kasten bei den einzelnen Zielen.

Wer ein passendes Quartier sucht, sollte ruhig gezielt nach familienfreundlichen Häusern fragen. Auf die Auskünfte ist fast immer Verlass,

Eine Fahrt auf dem Bulldoganhänger gefällt Groß und Klein.

denn jeder weiß, dass nur zufriedene Gäste wiederkommen. Bei der Suche nach einer Unterkunft hilft ein bayernweites Zertifikat weiter, das familienfreundliche Kinderland-Gastgeber mit bis zu fünf Bärchen auszeichnet. Da die nötige Zertifizierung nicht jeder für gut heißt, muss ein geeignetes Quartier jedoch nicht unbedingt über Bärchen verfügen. Speziell geschulte Partnerbetriebe empfiehlt die Verwaltung des Nationalparks Bayerischer Wald. Infos gibt es unter www.nationalpark-bayerischer-wald.de/partner oder www.nationalpark-partner.com.

Die Ziele in diesem Familienführer decken zwar auch Aktivitäten in der kalten Jahreszeit ab, klammern den Wintersport jedoch weitgehend aus. Das größte und schneesicherste Gebiet im Bayerwald ist der Große Arber, Snowboarder zieht die dortige Halfpipe magisch an, die Kleinen mögen das »ArBär-Kinderland«. Zudem gefällt Wintersportlern im Hinteren Wald das »Schneeloch« Mitterfirmiansreut. Im Vorderen Bayerwald locken bei genügend Schnee St. Englmar, Bischofsmais und Langfurth.

Bevor es losgeht: Viel zu oft ist der Alltag von Familien durch und durch verplant. Deshalb lautet die goldene Freizeitregel, es möglichst entspannt anzugehen. Dazu gehört, sich Zeit zu nehmen und nicht alles auf einmal zu wollen. In diesem Sinne – viel Vergnügen und gute Erholung!

Spartipp	auch für kleine Kinder geeignet
Abenteuer	Unternehmungen mit Tieren
Lehrreiches	Fahrvergnügen
Schwimmbäder	Badeseen
Feste & Veranstaltungen	Unternehmungen am Wasser
Wanderungen	Kulturelles

Abenteuer draußen

1 Von Aras bis Zebras

Zu Besuch im bärigen Tiergarten Straubing

Ob Tiger oder Bär vor Augen, im Streichelzoo oder auf dem Spielplatz – ein halber Tag vergeht im einzigen richtigen Zoo Ostbayerns schneller als gedacht.

Wer in die parkähnliche Anlage hineinspaziert, den begrüßen die kuscheligen Meerschweinchen. Danach krächzen Aras, während ein Steppenadler die Besucher in aller Ruhe beäugt. Nicht nur beim Anblick des Gefieders vergeht die Zeit wie im Flug. Als kurzweilig empfinden Freunde wechselwarmer Tiere das exotische Reptilienhaus mit einem Tigerpython namens Sammy – über 5 Meter lang kann diese Riesenschlange werden. Wer Reptilien weniger mag, freut sich sicher über Meister Petz, den Braunbären.

Sowohl heimische als auch exotische Vögel, Säugetiere, Reptilien und Fische leben in den Tierhäusern, Gehegen, Volieren und Aquarien des Tiergartens. Unter dem Strich begegnen Jung und Alt auf dem Rundgang rund 200 Arten – von bayerischen Schafen bis zu indischen Löwen. Die Afrikaanlage bietet Huftieren wie Antilopen und Zebras eine neue Heimat.

- **Anfahrt:** A 3 Ausfahrt Kirchroth; der Zoo liegt westlich von Straubing an der B 8
- **Öffnungszeiten:** März bis Oktober 8.30–18 Uhr, November bis Februar 9–16 Uhr (Einlass; Schließung 45 Min. später)
- **Preise:** Erwachsene 6 Euro, 5–16 Jahre 4 Euro, ermäßigte Kombi-Karten
- **Altersempfehlung:** Ab 2 Jahren
- **Information:** Am Tiergarten 3, 94315 Straubing, Tel. 09421/21277, www.tiergarten-straubing.de
- **Einkehr:** Kiosk beim Streichelzoo, Restaurant Arca Verde vor dem Eingang (vormals Mooshäusl)

Tipp

Wer suchet, der findet – darum geht es im ältesten und größten **Maislabyrinth** Deutschlands auf dem Hiendlmeier-Hof, allerdings nur alle zwei Jahre, nämlich 2012, 2014 und 2016. Vom Tiergarten geht es auf der B 8 in Richtung Regensburg bis zum nächsten Dorf, Johann Firlbeckstr. 1, 94349 Rinkam, Tel. 09421/23487; geöffnet Mitte Juli bis Anfang September Mo–Fr ab 10 Uhr, Sa/So ab 9 Uhr, Erwachsene 4 Euro, Kinder 3 Euro, www.irrgarten-straubing.de.

Eine Sonnenbrille wie im Kinderlied von Volker Rosin tragen die Gorillas zwar nicht, aber auch ohne Augengläser zählen die Primaten zu den Lieblingen der Besucher. Hoch im Kurs stehen beim Nachwuchs außerdem die Schimpansen, Pinguine, Kängurus, Weißbüschelaffchen oder die zutraulichen Kattas mit ihren langen Ringelschwänzen. Die faszinierenden Tiger Claudius und Cornelius leben seit 2012 in einer neuen Anlage.

Schön und stark: Tiger Cornelius

Über den Moosmühlbach hinweg liegt auf der linken Seite des Weges der Spielplatz für kleine Kinder, auf der rechten der für größere Kids. Wer will, balanciert über die Hängebrücke oder rutscht vom sechs Meter hohen Spielturm. Durch eine Schleuse gelangen Besucher in ein Gehege, in dem Zwergziegen sowie Zackel- und Kamerunschafe auf Streicheleinheiten warten. Nur zu gerne lassen sich die Tiere von Futter aus Automaten (20-Cent-Stück mitbringen!) locken. Wer selbst Hunger und Durst stillen will, besucht den Hauptkiosk auf der anderen Seite des Baches zwischen Luchs und Känguru. Übrigens: Der einzige richtige Zoo Ostbayerns blickt auf eine lange Tradition zurück: Im Jahr 2013 feiert der 25 Fußballplätze große Tiergarten sein 75-jähriges Bestehen.

Tipp

Seit 2011 befindet sich neben dem Tiergarten ein **Klettergarten** mit drei Routen, die bis in sieben Meter Höhe reichen. Das Besondere: Die Einstiegshöhe des gelben **Kinderparcours** beträgt nur 50 Zentimeter und eignet sich laut Betreiber bereits für Kinder ab 4 Jahren. In luftigere Höhen dürfen Kids ab 7 Jahren/1,20 m Größe. Von April bis September täglich, im März und Oktober Sa/So geöffnet, Tel. 09421/963 02 64 (Straubing) oder 09941/908 48 40 (Zentrale), www.die-erlebnis-akademie.de (Infos zu sechs Kletterparks in Ostbayern).

2 Wie vom Frosch geschluckt

Märchenhafte Felsen im Schlosspark Falkenstein

In Bayerns zweitgrößtem Natur- und Felsenpark faszinieren versteckte und enge Durchgänge. Über dem zauberhaften Wald thront Burg Falkenstein mit ihrem Aussichtsturm.

Von der Rodinger Straße weist ein Pfeil zum 100 Meter entfernten Schlosspark. Gegen den Uhrzeigersinn folgen wir dem grünen Schild »Rundweg« und marschieren zunächst um den mächtigen Granit herum. Die erste Felsformation, die uns in ihren Bann zieht, lässt ein gewaltiges Froschmaul erkennen.

Zwei Rundweg-Varianten bieten sich im weiteren Verlauf an. Der einfachere Pfad führt am Rand des Parks entlang und durch den Hohlen Stein hindurch treppauf. Die schwierigere Variante verläuft durch eine enge, verborgene Felsspalte zur Himmelsleiter – 30 Holzsprossen bringen uns dem Paradies näher.

Der Rundweg ist in diesem Teil des Felsenlabyrinths lückenhaft beschildert. Macht nichts, denn Abstecher wie zum engen Herzbeutelgässchen lohnen allenthalben. Übrigens: Wenn Granit derart zerklüftet erscheint, sprechen Ex-

- **Anfahrt:** Staatsstraßen führen sternförmig nach Falkenstein, unter anderem über Michelsneukirchen, Wiesenfelden oder A 3 Abfahrt Wörth und Rettenbach; geeigneter Parkplatz vom Marktplatz in Fahrtrichtung Roding hinter dem Rechtsknick beim Wegweiser zum Schlosspark
- **Öffnungszeiten:** Ganzjährig (passendes Wetter vorausgesetzt)
- **Preise:** Burgturm 0,50 Euro in passenden Münzen
- **Altersempfehlung:** Ab 5 Jahren
- **Information:** Tourismusbüro Falkenstein, Marktplatz 1, 93167 Falkenstein, Tel. 09462/94 22 20, www.markt-falkenstein.de
- **Einkehr:** Burgschänke (Di Ruhetag, Sa oft geschlossene Gesellschaften), Pension Maria (Südtiroler Spezialitäten, nahe Ortsausgang in Fahrtrichtung Wiesenfelden)

Tipp

Wenn Sie weiterwandern wollen: Vom Waldgasthof Schiederhof nur 4 km südlich von Wiesenfelden startet ein ebenso langer, einfach zu gehender **Naturerlebnisweg** gegen den Uhrzeigersinn um den Kobelberg – folgen Sie dem Rundweg Nummer 7.

Burg Falkenstein über dem gleichnamigen Ort

perten von Wollsackverwitterung.

So oder so führen die letzten Meter hinauf zu Burg Falkenstein auf Asphalt. Die Ursprünge der bestens erhaltenen Anlage reichen bis tief ins Mittelalter zurück. Noch heute ziert ein Falke das Wappen des Luftkurortes. Von der Vorburg geht es durch das Burgtor in die enge Hauptburg sowie zum Turm. Wenn passend bezahlt wird, gestattet ein unbestechliches Drehkreuz einer Fuhre den Durchgang. Oben angekommen freuen sich Schwindelfreie über den herrlichen Rundblick, markant erscheinen die ehemaligen NATO-Horchposten auf dem langen Rücken des Hohen Bogen (1079 m).

Wer den Rundweg fortsetzen will, setzt ein Stück zurück und steigt die Stufen zur Burgkapelle hoch. Um das Gotteshaus herum geht es schließlich wieder bergab, allerdings über eine kurze, steile Holztreppe sowie über Stock und Stein. In den geschützten Höhlen der dortigen Felsen bekommen Neugierige mit etwas Glück phosphoreszierendes Leuchtmoos zu Gesicht.

Tipp

Keine 10 km in Richtung Süden bietet das **Umweltzentrum Schloss Wiesenfelden** »Wilde Sonntage« und kurze Feriencamps, in denen der Nachwuchs wie Robin Hood durch die Natur zieht; Infos unter Tel. 09966/12 70.

Der Rundweg durch den schattigen Laubwald mit seinen Buchen, Linden und Fichten eignet sich bestens für heiße Sommertage, weniger jedoch, wenn die Felsen rutschig sind. Kurze Passagen im Schlosspark erfordern Trittsicherheit, die Kleinen sollten Sie dort unbedingt an die Hand nehmen. Wer den anspruchsvollen Abstieg über die Kapelle meiden will, geht alternativ die Auffahrt zur Burg hinunter, die am Marktplatz endet.

3 Volksfest-Fun im Blütenmeer

Ein farbenprächtiger Tag im Churpfalzpark

Ein Erlebnispark mit ganz eigenem Konzept liegt im beschaulichen Loifling. Wer einmal Eintritt bezahlt, genießt unbegrenzt fetzige Attraktionen und ein Meer bunter Blumen.

Hinter der Grenze von Niederbayern zur Oberpfalz erwartet Jung und Alt ein Vergnügungspark im wahrsten Sinne des Wortes. Denn der dortige Churpfalzpark bietet zum einen eine farbenfrohe Gartenschau, zum anderen actionreichen Spaß. Mama und Papa genießen je nach Jahreszeit wahlweise in einer Sitzmuschel die Fontänen der Wasserorgel, die mit rund 65 000 Pflanzen deutschlandweit größte Dahliensammlung oder die Blütenpracht im Rosarium. Kinder werden angezogen von Attraktionen anderer Art, die Namen tragen wie Wellenfliegerkarussell, Marienkäferhochbahn oder Wasserspieloase.

Am besten eignen sich die meisten Fahrgeschäfte für Kinder im Grundschulalter. Doch die Highspeed-Raftingbahn, die Drachenschnellbahn mit ihrem Affenzahn oder trendige Quads erhöhen selbst bei Teenagern die Pulsfrequenz. Zugleich warten auf Kids unter vier Jahren altersgerechte Spielgeräte und Attraktionen wie der Babywellenfluss. Kettenkarussells stehen praktisch für jedes Alter und Temperament bereit. Und die Softballkanonen der rivalisierenden Piratenschiffe »Roter Corsar« und »Schwarzer Corsar« wecken das Kind in so manchem Manne. Die erschöpfte Oma ruht sich indes auf einer Sonnenliege aus.

- **Anfahrt:** Über B 85 und B 20 oder A 3 Ausfahrt Straubing
- **Öffnungszeiten:** Sa vor Ostern bis 3. Oktober 9–18 Uhr (Fahrgeschäfte 10–17 Uhr, teils 12–13 Uhr Mittagspause)
- **Preise:** 14–64 Jahre 16 Euro, 6–13 sowie ab 65 Jahren 15 Euro, 3–5 Jahre 12 Euro
- **Altersempfehlung:** Ab 2–3 Jahren
- **Information:** Churpfalzpark, Churpfalzweg 6, 93455 Loifling, Tel. 09971/303 40 oder 09971/303 00 (Verwaltung), www.churpfalzpark.de
- **Einkehr:** Ponte Paradiso am Eingang, Kioske auf dem Gelände

Im bunten Churpfalzpark geht es überall richtig rund.

Wer Eintritt bezahlt, darf fast alle Attraktionen umsonst benutzen – nur Quads, Mini-Autoscooter und das Pferderennen kosten extra. Nicht alle Fahrgeschäfte sind brandneu, allesamt aber gut gepflegt. Wer an sonnigen Sommertagen kommt, sollte Sonnencreme mitbringen, denn schattige Fleckchen sind auf dem großflächigen Gelände rar.

Seit über 40 Jahren öffnet der Churpfalzpark schon seine Pforten und ist vom Familienbetrieb zu einem Unternehmen mit fast 100 Mitarbeitern herangewachsen. Die herrliche Blumenpracht verrät, dass es sich bei der Betreiberfamilie Muth um Gärtner handelt.

Tipp
Geburtstagskinder jeden Alters erhalten im Churpfalzpark freien Eintritt – einfach an der Kasse den Ausweis vorzeigen.

4 Fast so frei wie ein Vogel

Auf dem Waldwipfelweg bei St. Englmar durch luftige Höhen

Seit 2008 verläuft der 350 Meter lange Waldwipfelweg bis zu 30 Meter über der Erde barrierefrei auf Höhe der Baumkronen des Vorwaldes.

Pfeift der Wind ein leises Lied, wiegt sich der Weg. In Augenhöhe mit Wipfeln oder sogar darüber eröffnen sich überraschende Perspektiven. Der vogelfreie Blick schweift über Gäuboden und Donau hinweg die Isar flussaufwärts. Vor allem im Herbst, wenn der Föhnwind bläst, grüßen am südlichen Horizont die Alpen in rund 200 Kilometer Entfernung.

- **Anfahrt:** Von Süden über die A 3, Abfahrten Bogen oder Schwarzach, von Norden unter anderem über Viechtach; Maibrunn liegt 3 km westlich von St. Englmar; ab Parkplatz kleiner Fußmarsch
- **Öffnungszeiten:** Bei gutem Wetter April bis Oktober 9–19 Uhr, November bis März 10–16 Uhr
- **Preise:** Erwachsene 6 Euro, 7–17 Jahre 4 Euro, Familien 18 Euro
- **Altersempfehlung:** Ab 5 Jahren
- **Information:** Familie Six, Maibrunn 2a, 94379 Sankt Englmar, Tel. 09965/800 87, www.waldwipfelweg.de
- **Einkehr:** Woid-Wipfe-Häusl (SB) am Eingang mit Spiellandschaft im 1. Stock

Spaziergang, der neue Perspektiven eröffnet.

Tipp

15 Autominuten in Richtung Norden fasziniert Bayerns Geotop Nummer eins, der **Pfahl** bei Viechtach. Das harte Quarzgestein bildet einen markanten Drachenkamm, beim ehemaligen Steinbruch lauert ein gewaltiger Abgrund. Der 2,7 km lange Pfahl-Rundweg beginnt in Fahrtrichtung Cham am B 85-Parkplatz unmittelbar hinter der Riedbachbrücke bei Viechtach.

Solide Betonmasten machen den Waldwipfelweg sicher.

Natürlich sorgt die Betreiberfamilie auch für die notwendige Sicherheit. So verfügt der aus Lärchenholz gefertigte Wipfelweg über ein massives Geländer und steht auf 36 TÜV-geprüften Betonmasten. Auch Kinderwagen meistern den Weg problemlos. Wieder im Schoß von Mutter Erde zurück, schließt sich ein rund zwei Kilometer langer Naturerlebnispfad an. Neuerdings begegnen uns dort Alpakas, Lamas, Kängurus und Schwarznasenschafe. Schautafeln erklären auf 25 Mitmach-Stationen spielerisch, wie Waldbienen Honig erzeugen oder wie Tierspuren richtig gelesen werden. Hinzu kommt der neue »Pfad der Optischen Phänomene«. Und an den Wochenenden im Advent erleuchtet den Wald ein Weihnachtsmarkt.

Tipp

Für alle, die weniger hoch hinaus wollen, wartet im **Kurpark** am südlichen Ortsrand von St. Englmar auf einem Spaziergang eine Doppelwippe, eine Kletterwand, ein Naturbadeweiher sowie der Erlebnishof »Alte Mühle« mit Ziegen, Ponys und traditioneller Wirtsstube.

5 Bobs, Coaster & mehr

Rasanter Fahrspaß auf dem Egidi-Buckel bei St. Englmar

Westlich von St. Englmar über der Ortschaft Grün rauschen Sommerrodler den Egidi-Buckel hinab. Unten locken Abenteuerspielplatz, Spielscheune und Streichelgehege.

Nirgendwo im Bayerwald sind Sommerrodler besser aufgehoben als auf dem Egidi-Buckel. Denn neben der über einen Kilometer langen Sommerrodelbahn begeistert seit 2008 der ebenso lange und noch schwungvollere Bayerwald-Coaster. Die wetterfesten Schienen-Gefährte erreichen

- **Anfahrt:** Von Süden über die A 3, Abfahrt Bogen oder Schwarzach, von Norden unter anderem über Viechtach
- **Öffnungszeiten:** Ostern bis Anfang November 9 oder 10–18 oder 19 Uhr
- **Preise:** Rodeln Erwachsene 2,30 Euro, 3–14 Jahre 1,80 Euro, ermäßigte Mehrfachkarten; Bungee-Trampolin 4 Euro, Bumper-Boot 1 Euro, Spielplatz und Spielscheune gratis
- **Altersempfehlung:** Ab 3 Jahren
- **Information:** Freizeit-Erlebnispark, Grün 10, 94379 Sankt Englmar, Tel. 09965/12 03, www.sommerrodeln.de
- **Einkehr:** Egidi-Stüberl (SB-Kiosk an der Talstation), Kiddis Café & Bistro (siehe Tipp)

Tipp

Als **Family World** läuft die großflächige Indoorspielhalle des Familotels Bayerischer Wald. Dort warten Rutschen aller Art, Hüpfburgen, ein Kletterturm sowie eine Erlebniswelt für die Kleinsten. Am Ortsrand von St. Englmar von Grün aus gut 3 km in Richtung Viechtach; Di–Fr 14–19 Uhr (in den bayerischen Ferien auch Mo), Sa/So 12–19 Uhr, Erwachsene 2,50 Euro, 2–18 Jahre 5,50 Euro (Hausgäste ermäßigt), Tel. 09965/98 94 38, www.predigtstuhlresort.de.

Streichelgehege, im Hintergrund der Aussichtsturm.

Ideal für Fans rasanter Fahrvergnügen: der Bayerwald-Coaster.

40 Stundenkilometer und sausen auf teils sechs Meter hohen Stelzen durch Steilkurven und einen Kreisel. Da treten Fliehkräfte auf, und es gilt absolute Anschnallpflicht!

Sowohl mit dem Coaster als auch auf der Rodelbahn können Achtjährige alleine fahren, Kinder ab drei Jahren mit Mama oder Papa im Zweisitzer. An der Talstation verkehren Bumber-Boote, und es wird gerutscht, gesprungen, geklettert, mit Wasser experimentiert oder die Spielscheune unsicher gemacht. Neben dem 20 Meter hohen Aussichtsturm freuen sich Ziegen im Streichelgehege auf Besuch (Futter an der Rodelkasse besorgen). Übrigens: Im Juli und August sausen Rodler und Coasterfahrer freitags ab 17 Uhr bis Sonnenuntergang zum ermäßigten Tarif ins Tal. Lässt es das Wetter zu, wird zudem ein Lagerfeuer angezündet und gegrillt.

Tipp

Speziell für Kids unter sieben Jahren bietet **Kiddis Café & Bistro** einen geräumigen Innen- wie Außenspielplatz in Reichweite von Mama und Papa; Grün 3 im Kreuzungsbereich zwischen Egidi-Buckel und Waldwipfelweg, Tel. 09965/810340, www.kiddis-cafe.de.

6 Aug in Aug mit den Wölfen

Zu Besuch im lebendigen Bayerwald-Tierpark Lohberg

An der Grenze der Oberpfalz zu Niederbayern liegt der Bayerwald-Tierpark. Rund 100 Tierarten, die im Waldgebirge heimisch sind oder es einmal waren, finden sich in diesem Zoo.

Angenehm eingebettet zwischen Bachläufen, Hügeln und dichtem Fichtenwald liegen die Gehege und Volieren, in denen über 400 Tiere leben. Gleich hinter dem Eingang des Bayerwald-Tierparks landen Familien im Streichelzoo. Wer Esel, Kaninchen oder Ziegen füttern will, kauft bereits an der Kasse für 50 Cent geeignetes Futter.

Der empfohlene Rundweg führt gegen den Uhrzeigersinn durch die 15 Fußballfelder große Anlage. Schon bald geht es auf dem weniger als zwei Kilometer langen Rundweg am Elchsee vorbei, denn die größte lebende Hirschart nimmt gerne ein kühles Bad. Anschließend lockt

■ **Anfahrt:** Über Bayerisch Eisenstein oder Großer Arbersee oder Lam; der Tierpark liegt im Ortsteil Lohberghütte
■ **Öffnungszeiten:** April bis Oktober 9–17 Uhr, November bis März 10–16 Uhr (jeweils letzter Einlass)
■ **Preise:** Erwachsene 5 Euro, 4–16 Jahre 3 Euro, Familien 12 Euro
■ **Altersempfehlung:** Ab 2 Jahren
■ **Information:** Bayerwald-Tierpark, Schwarzenbacher Str. 1a, 93470 Lohberg, Tel. 09943/81 45, www.bayerwald-tierpark.de
■ **Einkehr:** Kiosk im Tierpark, Landgasthof Zum Tierpark (schräg gegenüber Eingang)

Ziegen lieben Streicheleinheiten.

Im feuchten Nass sind Fischotter in ihrem Element.

gegenüber des zentral gelegenen Kiosks ein Spielplatz mit traditionellen Geräten wie Wippe, Schaukel sowie steiler Rutsche. Bergan leben Auerhahn, Birkhuhn und Schneeeule in Volieren. Noch interessanter finden viele Kids die Rentiere, Luchse oder Wildkatzen.

Im Bereich des schattigen Bergwaldes führt der Rundweg um das komplette Wolfsgehege herum, sodass Besucher Isegrims Rudel eigentlich immer gut zu Gesicht bekommen. Zum Fotografieren eignen sich zwei Aussichtskanzeln, denn dort kommen weder Maschendraht noch Scheiben vor die Linse. Wer ab etwa 16.15 Uhr die Fischotter besucht, erlebt an den meisten Tagen die Fütterung, wo die possierlichen Landraubtiere kleine Kunststückchen vorführen. Im weiteren Verlauf des Rundweges drehen heimische Fische in Aquarien ihre Runden. Greifvögel wie Falken und Geier erfreuen zum Abschluss erneut die Fans von gefiederten Tieren.

Tipp

Bei der Zufahrt zum Tierpark in Lohberghütte startet die **Kleine Arberseebahn** ihre 25-minütige Fahrt über 6,5 km zum Kleinen Arbersee. Dort können Fahrgäste im Seehäusel der Familie Huber einkehren oder in 45 Minuten das eiszeitliche Gewässer gemütlich umrunden. Die Bahn fährt von Ostern bis Anfang November täglich zwischen 9.30 und 16.30 Uhr bei passendem Wetter; Hin- und Rückfahrt Erwachsene 7,50 Euro, 4–14 Jahre und Kinderwagen 4,50 Euro; Tel. 09924/70 15, www.kleine-arberseebahn.de.

7 Rund um den Großen Arber

Großer Arbersee, Märchenwald und Gipfelstürme aller Art

In jedem Gebirge zieht der höchste Berg Menschen magisch an – so auch der Große Arber. Der König des Bayerwaldes lässt sich von jeder Seite und auf unterschiedliche Weise entdecken.

Da sich der Großer Arber nicht mehr im Nationalpark Bayerischer Wald befindet, zeigt er sich verkehrstechnisch bestens erschlossen. Mit seinen 1456 m Höhe überragt der höchste Berg des Mittelgebirges die Talorte Bodenmais und Bayerisch Eisenstein um mehr als 700 Meter. Wer – wie auch immer – dem König des Bayerwaldes aufs Dach steigen will, sollte sich warm anziehen, immerhin herrscht am Gipfel in der Nacht fast über die Hälfte des Jahres Frost.

Großer Arbersee mit Märchenwald

Den zauberhaft gelegenen Arbersee am östlichen Fuße des Berges erreichen Autofahrer auf breiter Straße. Während der Saison genießt man das

- **Anfahrt:** Zum Arbersee und zur Bergbahn über die B 11 bis Regenhütte oder über Bodenmais oder Brennes; nach Bodenmais über Drachselsried oder Teisnach oder Regen oder Zwiesel oder Brennes; Bahn/Bus: Waldbahn Bodenmais oder Wander- und RBO-Bus zur Arberbahn
- **Öffnungszeiten:** Gondelbahn: Frühling bis Herbst 9–16.30 Uhr, im Winter alle Lifte ab 8.30 Uhr; Märchenwald: Ostern bis Oktober 10–17 Uhr
- **Preise:** Gondelbahn Sommer: Berg- und Talfahrt Erwachsene 10 Euro, 6–16 Jahre 7 Euro, Familien 29 Euro, einfache Fahrten 7,50/6/22 Euro; Winter-Tageskarte 27/21 Euro; Märchenwald: Erwachsene 2,50 Euro, 3–15 Jahre 1,50 Euro, Familien 7 Euro
- **Altersempfehlung:** Je nach Vorhaben ab 3 bis ab 9 Jahren (Gipfelwanderung)
- **Information:** Talstation Großer Arber, 94252 Bayerisch Eisenstein, Tel. 09925/941 40, www.arber.de; Tourist-Info, Schulbergstr. 1, 94252 Bayerisch Eisenstein, Tel. 09925/94 03 16, www.bayerisch-eisenstein.de; Bodenmais Tourismus, Bahnhofstr. 56, 94249 Bodenmais, Tel. 09924/77 81 35
- **Einkehr:** Arberseehaus, Arber Schutzhaus, Eisensteiner Hütt'n (jeweils an der Bergstation), Gasthaus zur Gondelbahn (Talstation)

Rotkäppchen und Wolf im Märchenwald am Arbersee.

auf 934 m Höhe gelegene Idyll allerdings nicht ungeteilt, was schon am gebührenpflichtigen Parkplatz (2 Euro) zu erkennen ist. Während die einen im belebten Arberseehaus einkehren, mieten andere am Kiosk ein Tretboot für bis zu vier Personen (Mai bis Oktober, 30 Minuten 7,50 Euro. Die Schutzzone am anderen Ende des eiszeitlichen Gewässers sichern Balken.

Spaziergänger umkreisen den Arbersee auf einem zwei Kilometer langen Rundweg locker in 45 Minuten. Im moorigen Naturschutzgebiet helfen Knüppeldämme weiter, die sich für Kinderwagen nicht eignen. Ausdauernde, die die teils steinigen Pfade nicht scheuen, erklimmen vom rechten Ufer des Gewässers auf dem Fernwanderweg (grünes Dreieck) in gut zwei Stunden den Arbergipfel.

Wer es beschaulicher mag: Von der anderen Straßenseite grüßt der Märchenwald. Zwischen mächtigen Bäumen stehen kleine Hütten, in denen Figuren zwölf altdeutsche Geschichten szenisch erzählen. In gemütlichen 30 Minuten begegnen Groß und Klein auf dem weniger als einen Kilometer langen schattigen Rundweg Schneewittchen, Rotkäppchen oder Froschkönig. Apropos königlich: Der Große Arber samt Nordhängen gehört den Hohenzollern, was erklärt, warum die nahe Biathlonanlage nach dem Fürstenhaus benannt ist.

Zum Gipfel gondeln

Wer vom Arbersee drei Kilometer weiter bergauf fährt, erreicht die Talstation der Bergbahn (1050 m). In der kalten Jahreszeit geht es hier richtig bunt zu, Wintersportler freuen sich über acht Lifte und den Funpark. Im Sommer fährt die Gondelbahn bequeme Gipfelstürmer in vier Minuten hinauf zur Bergstation auf 1400 m Höhe. Direkt unterhalb locken zwei bewirtschaftete Hütten, eine sogar mit Standesamt. Keine 15 Gehminuten bergauf konkurriert das Gipfelkreuz mit einer Radaranlage und einem Funkturm. Wer will, biegt auf halber Strecke von der Bergstation zum Kreuz links in Richtung Zwieseler Hütte (unbewirtschaftet) und Bodenmaiser Riegel ab – und kreist den höchsten Punkt des Gneisplateaus auf einem Rundwanderweg ein, was höchstens eine Stunde dauert. Da das Arberplateau über der Baumgrenze liegt, begegnen einem alpine Latschen und viel Borstgras.

Tipp
Die Arbergondel können Wanderer dazu nutzen, sich den beschwerlichen Abstieg zu sparen. Von der Talstation der Bergbahn erreicht die RBO-Buslinie 6198 über Arbersee in 25 Minuten das Bodenmaiser Rathaus (Abfahrt Mai bis Oktober bei Druck des Buches 13.35, 15.35, 16.35, 17.35 Uhr, Tickets im Bus).

Wandern ab Bodenmais

Für Familien empfiehlt sich eine Wanderung zu den Rißlochfällen am südlichen Fuße des Großen Arber. Der Weg Nr. 2 (weiße Zahl, grünes Viereck) startet in Bodenmais innerorts am Bahnübergang Rißlochweg, alternativ im Wald im Norden des Talortes am Wanderparkplatz ein Stück hinter dem Hotel Waldhaus. Von dort geht es auf einer Forststraße weiter. Bei der verwitterten Holz-Skisprungschanze, die links liegengelassen wird, endet die Straße. Zwei Varianten führen bergauf zu den Rißlochfällen – halb rechts ein vergleichsweise bequemer Weg, halb links ein steiniger Weg, der schnell direkt an die Fälle heranführt, wo es dann teils richtig steil weitergeht. Das Rauschen durch den urwaldartigen Blätterwald verrät den nahenden Ort, an dem weiße Gischt bis zu 15 Meter über Kaskaden hinabstürzt. Nirgendwo im Bayerwald gibt es größere Wasserfälle.

Nach den Rißlochfällen nehmen Familien mit fitten Teenagern den Arbergipfel ins Visier – und zwar weiterhin auf dem Weg Nr. 2. Zunächst sehen wir links den Schwellbach, dann rechts den Arberbach und überqueren Arberhoch- und Auerhahnforstweg, die sich im Winter in Loipen verwandeln.

Knüppeldämme schützen uns auf moorigem Gelände vor nassen Füssen. Ab Bodenmaiser Mulde führen Steintreppen zum Bodenmaiser Riegel, das Plateau ist erreicht. Auf breiten Granitsplitwegen geht es zur Bergstation der Arberbahn, zu bewirtschafteten Hütten und zum Gipfelkreuz.

Insgesamt tun sich auf dieser Wanderung keine Abgründe auf, aber der vor allem anfangs sehr steinige Weg erfordert Ausdauer und das richtige Schuhwerk. Distanzen: Bahnübergang–Parkplatz gut 1 km; Parkplatz–Rißlochfälle 1,5 km; Rißlochfälle–Arbergipfel 4,5 km; Gehzeit für Familien je nach Fitness vom Parkplatz bis zum Gipfel um die drei Stunden.

Bewirtschaftetes Schutzhaus auf dem Großen Arber.

Tipp

Wer es urig mag, fährt zur gut 1000 Meter hoch gelegenen **Berghütte Schareben**. In Blickkontakt zur Sonnenterrasse liegt der Spielplatz. Sportliche marschieren um den Plattenriegel (Rundweg 12; 3 km) oder zum Hochstein (Rundweg 11; knapp 3 km). Anfahrt: Zwischen Bodenmais und Drachselsried nach Oberried abbiegen und der Beschilderung 7 km bergauf folgen, wobei 1,5 km nicht asphaltiert sind.

8 Rauf auf den Silberberg

Unterwegs zu Fuß, mit dem Sessellift oder mit dem Schlitten

Den Hausberg von Bodenmais, den Silberberg, können Familien zu Fuß oder mit der Bergbahn erstürmen. Von der Mittelstation sausen Rodler talwärts.

Viele Sagen ranken sich um den Silberberg, der zu den 100 schönsten Geotopen Bayerns zählt. Einer Geschichte nach zeigte früher ein stummer, hilfreicher Berggeist allen, die sich verirrten, den richtigen Weg. Damit heute niemand verloren geht, vertrauen Wanderer den beschilderten Pfaden.

Viele Wege führen zum Gipfel

Der Silberberg lässt sich von der Talstation der Bergbahn auf zwei Routen prima erklimmen. Die einfachere Variante führt auf einer Teerstraße nahe der Lifttrasse teils sportlich in Richtung Mittelstation, den Einstieg weist

- **Anfahrt:** Über Drachselsried oder Teisnach oder Regen oder Zwiesel oder Bretterschachten; Bahn: Waldbahn bis Bodenmais sowie Ostern bis Oktober mit der Bimmelbahn zum Silberberg (Abfahrt bei passendem Wetter vor dem Bahnhof zur vollen Stunde, Familienkarte 13 Euro, Tel. 09924/70 15)
- **Öffnungszeiten:** Sessellift April bis Juni sowie September/Oktober 9.15–17 Uhr, Juli/August 9–17.45 Uhr, im Winter je nach Schneelage 9–16 Uhr (Zeiten mit Stollenführungen abgestimmt); Sommerrodeln April bis Oktober bei trockener Bahn
- **Preise:** Bergbahn: Berg- und Talfahrt Erwachsene 4,90 Euro, 4–15 Jahre 3,30 Euro, einfache Fahrten 3 bzw. 2 Euro, Familienkarte Auf- und Abfahrt 13,50 Euro; Rodelbahn 2 bzw. 1 Euro, mit Auffahrt 4 bzw. 3 Euro, Mehrfachkarten erhältlich (Tickets an Tal- und Mittelstation)
- **Altersempfehlung:** Ab 3 Jahren
- **Information:** Silberbergbahn, Barbarastraße 1, 94249 Bodenmais, Tel. 09924/94 14 11, www.silberbergbahn.de
- **Einkehr:** Silberbergalm an der Talstation, Bergmannschänke am Stollen (jeweils Selbstbedienung)

Wer will, rodelt von der Mittelstation der Bergbahn zurück ins Tal.

der Pfeil »Fußweg zum Bergwerk« gegenüber dem Parkplatz. Auf Höhe der Mittelstation zeigt Pfeil Nummer 10 weiter bergwärts, kurz vor der Bergstation folgen wir dann dem Pfeil »Silberberg-Gipfel« nach rechts.

Schöner sowie im zweiten Teil anspruchsvoller wandert es sich rechts herum durch den Wald zunächst auf einer Forststraße. Der Einstieg erfolgt hinter dem Parkplatz am Ende der Teerstraße 300 Meter oberhalb der Talstation. Ab Höhe Mittelstation, die wir links liegen lassen können, führt der steinige Wanderpfad Nummer 1 um die Gneisfelsen herum im Halbkreis zum Gipfelkreuz. Die Gehzeit beträgt bei beiden Varianten maximal eine Stunde.

Tipp
Wer den Silberberg erkundet, kann im **Besucherbergwerk** nahe der Mittelstation auch in sein Inneres vordringen (siehe Ausflug 48).

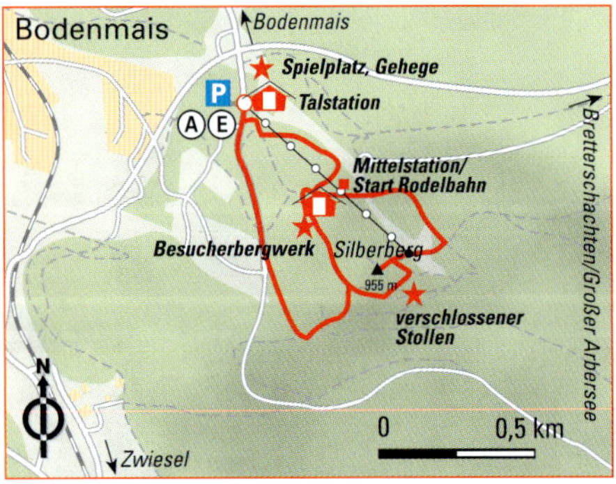

Alternativ fahren Besucher mit dem Sessellift himmelwärts. Wer bei der Mittelstation aussteigt, halbiert den Aufstieg, wer bis zur Bergstation hochfährt, erreicht den Gipfel in fünf Gehminuten auf wenig steinigem Weg. Zwischen den zwei Gneisköpfen, die eine Bischofshaube formen, lädt das Gipfelplateau zur Rast ein. Der herrliche Ausblick reicht vom Talort Bodenmais bis zum nackten Gipfelhang des Kleinen Arber (1384 m). Den Großen Arber (1456 m) mit seinen markanten Radarstationen erblicken Wanderer nur von der Spitze der Bischofshaube aus richtig gut. Allerdings sollten nur Trittsichere die letzten Meter zum 955 Meter hoch gelegenen Gipfelkreuz klettern, das auf einer der beiden Felskanzeln thront.

Silberberggipfel, rechts hinten der Kleine Arber.

Sommerrodelbahn

600 Meter lang schlängelt sich die etwas in die Jahre gekommene Sommerrodelbahn ins Tal. Die flotten Gefährte sind als Einsitzer für Fahrer ab acht Jahren ausgelegt, Kleinkinder dürfen auf den Schoß genommen werden. Trockene Bahn vorausgesetzt, erfolgt der Start direkt an der Mittelstation der Bergbahn unweit des Barbarastollens. Neben der Talstation freuen sich kleine Tierliebhaber über ein Streichelgehege.

Wüstenbussard im Anflug 9

Die Falknerei Lindl im Schlosspark Ludwigsthal

In diesem Jagdfalkenhof kann man sehen, wie präzise die Könige der Lüfte fliegen. Passenderweise findet die Greifvogelschau unweit des Großen Falkenstein statt.

Im Park von Schloss Ludwigsthal formen zwei Bankreihen teils unter einem Lindenblätterdach einen Kreis. Assistiert von seiner Frau Alexandra, kommentiert Falkner Robert Lindl mit Headset die Flugeinlagen seiner Greifvögel. Der Atem stockt, wenn sich ein Vogel blitzschnell in die Tiefe stürzt und knapp über die Köpfe der Zuschauer hinwegdüst. Wanderfalke Max erreicht dabei locker 150 Stundenkilometer. Uhu Olga führt vor, wie leise die größte Eulenart durch die Luft gleitet. Zudem dürfen Besucher der Uhu-Dame tief in ihre orangefarbenen Augen schauen. Mutigen frisst Wüstenbussard Pancho aus der Hand. Und so vergeht die gut halbstündige Vorführung wie im Flug. Übrigens: Erst 2011 zog die Falknerei der besseren Lage wegen von Oberfrauenau nach Ludwigsthal vor das Schloss, das wie ein altes Schulhaus aussieht.

Falkner Lindl mit Uhu Olga.

- **Anfahrt:** Über die B 11; die Falknerei liegt aus Richtung Zwiesel beim Ortseingang von Ludwigsthal in der Kurve; Bahn: Waldbahn bis Ludwigsthal, dann 500 m durch die Alte Böhmerstraße
- **Öffnungszeiten:** Bei gutem Wetter Mai bis Mitte Oktober ab 15.30 Uhr (Sa nur August bis Anfang September; Mo geschlossen), Einlass 14.30 Uhr
- **Preise:** Erwachsene 4 Euro, 6–14 Jahre 3 Euro
- **Altersempfehlung:** Ab 3 Jahren
- **Information:** Falknerei Robert Lindl, Tel. 09922/56 78 oder 0171/822 18 42, www.falknerei-lindl.de
- **Einkehr:** Kiosk bei der Kasse, Gasthaus Ludwigsthal gegenüber Parkplatz (Di geschlossen), Waldhäusl Schleicher am Ende der Schleicherstraße (etwa 1 km entfernt)

10 Zu Gast im Haus zur Wildnis

Wölfe, Pferde & mehr im Nationalparkzentrum Falkenstein

Wie das traditionsreiche Nationalparkzentrum Lusen im Unteren Bayerwald, so bringt seit 2006 das Nationalparkzentrum Falkenstein im Oberen Bayerwald seinen Besuchern die heimische Flora und Fauna näher.

Der empfohlene 2,5 km lange und barrierefreie Weg vom Parkplatz durch das Tier-Freigelände zum Haus zur Wildnis führt hinter der Waldbahn-Unterführung rechts herum und beansprucht gut eine Stunde. Als Erstes zu bestaunen gibt es eine nachgebildete Steinzeithöhle. Die dunkle Behausung deutet an, wie Tier und Mensch vor Tausenden von Jahren lebten. Das Original der steinzeitlichen Wandmalerei befindet sich in einer Grotte in Südfrankreich. Urrinder, wie sie unsere Vorfahren antrafen, begegnen uns mit etwas Glück kurz nach der Höhle, ebenso Wildpferde. Die Vierbeiner haben viel Freiraum, was bedeutet, dass sie sich zurückziehen können. Und im Vergleich zum noch großflächigeren Freigelände im Nationalparkzentrum Lusen geht es nie direkt in ein Gehege hinein.

- **Anfahrt:** B 11 zwischen Zwiesel und Bayerisch Eisenstein; Bahn/Bus: Waldbahn-Bahnhof Ludwigsthal direkt neben dem Parkplatz, Falkenstein-Bus
- **Öffnungszeiten:** Freigelände täglich; Haus: 26. Dezember bis Ende März 9.30–17 Uhr, April bis Anfang November 9.30–18 Uhr
- **Preise:** Gehege und Haus kostenlos; Parkplatz 1 Euro/Stunde, 5 Euro/Tag
- **Altersempfehlung:** Ab 2 Jahren
- **Information:** Haus zur Wildnis, Ludwigsthal, 94227 Lindberg, Tel. 09922/500 20, www.nationalpark-bayerischer-wald.de
- **Einkehr:** Bio-Gastronomie im Haus zur Wildnis

Die erste Hälfte des Weges verläuft auf freiem Gelände, die zweite durch schattigen Wald. Als Attraktion folgt der Aussichtsturm bei den Wölfen, anschließend schreiten Groß und Klein über eine lange Holzbrücke über das Wolfsgehege hinweg zum Haus zur Wildnis.

Haus zur Wildnis

Das am Fuße des Großen Falkenstein (1315 m) gelegene Infozentrum versteht sich als überdachte Freifläche und besticht durch seine der Natur nachempfundene Architektur. Ein Relief

Die rückgezüchteten Wildpferde lieben Auslauf und saftige Gräser.

verschafft einen Überblick über den gesamten Nationalpark. Die feste Ausstellung vermittelt teils interaktiv, wie sich Wälder zur Wildnis wandeln. Die künstliche Höhle fasziniert, ein kleines Kino bietet ein ständig wechselndes Naturfilm-Programm an, die 3-D-Schau gefällt Kindern am besten (3-D-Brillen sind im Souvenirladen erhältlich). Am unteren Ende des Hauses steht allen Kids der Erlebnisraum, eine Art Indoor-Spielplatz, offen. Und die Gaststätte hat neben regionalen Bio-Gerichten auch einen naturnahen Spielplatz neben der Terrasse zu bieten.

Gegen den Uhrzeigersinn erreichen Besucher am Luchsgehege vorbei (Fütterung tägl. außer mittwochs um ca. 14.30 Uhr, am besten von der Aussichtskanzel am Stichweg zu beobachten) in etwa 20 Minuten wieder den Parkplatz, wobei dieser Weg abends beleuchtet wird. Wer es eilig hat zum Haus zur Wildnis zu kommen, der nimmt diese Strecke bereits auf dem Hinweg.

Tipp

Im **Wildniscamp am Falkenstein** vor Zwieslerwaldhaus erleben vor allem Schulklassen und Familien den Nationalpark besonders intensiv. Untertags unterstützen Pädagogen und Führer dabei, die Natur besser zu verstehen, übernachtet werden kann in tollen Themenhütten wie Baumhaus oder Erdhöhle, Tel. 09925/ 90 31 21, www.wildniscamp.de.

11 Natur pur am Schwellhäusl

Auf Schwellsteig und Hans-Watzlik-Hain durch echten Urwald

Urwald umgibt das schönste Ausflugslokal im Nationalpark. Wanderer erreichen das Schwellhäusl auf schattigem Weg in 45 Minuten.

■ **Anfahrt:** Zwischen Zwiesel und Bayerisch Eisenstein von der B 11 nach Zwieslerwaldhaus abbiegen, dort erst am Ortsende links auf dem Wanderparkplatz Brechhäuselau parken; Bus: Igelbus

■ **Markierung:** Storch

■ **Tourencharakter:** Breiter Schwellsteig, Forststraße, Waldpfad im Hans-Watzlik-Hain

■ **Höhenmeter:** 25 m

■ **Öffnungszeiten:** Schwellhäusl täglich 10–18 Uhr (November geschlossen)

■ **Altersempfehlung:** Ab 2 Jahren

■ **Information:** Touristinformation Lindberg, Zwieselauer Str. 1, 94227 Lindberg; Tel. 09922/12 00; www.gemeinde-lindberg.de; Fam. Lettenmaier, Schwellhäusl 310, 94227 Zwiesel, Tel. 09925/460, www.schwellhaeusl.de

■ **Einkehr:** Schwellhäusl, Zwieseler Waldhaus (ältestes Wirtshaus im Bayerwald, ebenfalls mit Biergarten)

Vom Parkplatz Brechhäuselau am Ende von Zwieslerwaldhaus geht es zunächst über die Deffernik-Brücke hinweg. Der mit einem Storch markierte Schwellsteig führt direkt an der linken Seite des ehemaligen Triftkanals entlang. Dem wildromantischen Weg folgen wir durch schattigen Mischwald, bis wir stromabwärts auf einer Lichtung das bezaubernde Schwellhäusl erreichen. Wie der Name andeutet, diente der kalte Schwellbach einst dazu, den Triftspeicher an der Schwelle (Klause) zu füllen. Mittels der mitreißenden Kraft des Wassers transportierten die »Waidler« einst Baumstämme.

Das Schwellhäusl mit seinem charakteristischen Giebeltürmchen gilt unter Einheimischen als das bezauberndste Ausflugslokal im Nationalpark. Das auch Trifter-Klause genannte Waldgasthaus gehört seit 1870 der Familie Lettenmaier. Vor dem urigen Holzhaus lockt ein Biergarten an sonnigen Wochenenden sehr viele Besucher an. Junge Gäste klettern auf den Spielturm oder streicheln Esel Kiera, Pony Maxi oder Ziege Lisa, während sich Mama und Papa auf einer Bierbank ausruhen.

Der Blick schweift zum Triftspeicher, in dem sich Bäume im Wasser spiegeln. Bei der Brotzeit bitte aufpassen, dass kleine Kinder nicht alleine dorthin gehen.

Inmitten einer wunderschönen Landschaft gelegen: das Schwellhäusl.

Da der Storchweg als Runde angelegt ist, marschiert man im Uhrzeigersinn auf dem Rückweg zunächst auf einer Forststraße, die im Winter geräumt wird. Auf der zweiten Streckenhälfte weisen zwei rechts im Wald zurückversetzte Schilder den Einstieg in den Hans-Watzlik-Hain. Durch dichten und schattigen Urwald schlängelt sich ein unmarkierter, jedoch klar ersichtlicher Pfad parallel zur Forststraße. Kolossale, bis zu 400 Jahre alte und 50 Meter hohe Tannen säumen den Urwalderlebnisweg. Vom Sturm geknickte Stämme liegen danieder, morsches Wurzelwerk und vermoderte Stümpfe fügen sich dem Lauf der Natur. Am Ende des nach einem Heimatdichter benannten Urwaldes treffen wir wieder auf den Anfang des Schwellsteigs, gehen jetzt hinab zur Deffernik-Brücke und landen am anderen Ufer punktgenau auf dem Parkplatz.

Tipp

Alternative Routen zum Schwellhäusl führen ab Wanderpark Bayerisch Eisenstein über den Hochbergsattel (einfach maximal 2 Std., Markierung »Bussard«) oder von Seebachschleife über die B 11 und den folgenden Kamm hinweg (einfach maximal 1 Std., Markierung »Einbeere«). Allerdings entfallen jeweils Schwellsteig und Hans-Watzlik-Hain.

12 Im Gehege auf Hirschpirsch

Mitten in den Nationalpark nach Scheuereck

Eine der wenigen Straßen, die in den Nationalpark hineinreichen, endet in Scheuereck. Ein knapp 300 Meter langer Weg führt mitten durchs dortige Rothirschgehege.

Inmitten des 2007 wiedereröffneten Geländes unterstützt ein kleiner Aussichtshügel die Tierschau. So lernen Jung und Alt die größte, stets heimisch gebliebene Säugetierart aus nächster Nähe kennen. Nur selten zieht sich das Rotwild im fast 15 Fußballplätze großen Gehege vollends zurück. Die Ziegen und Ponys im Streichelgehege beim Spielplatz der Waldgaststätte freuen sich stets über Kinder. Übrigens: Ab Anfang Oktober sorgen brunftige Hirsche mit lautem Röhren für ein naturnahes Hörerlebnis.

Sehen und gesehen werden in Scheuereck.

- **Anfahrt:** Am einfachsten von der B 11 bei Ludwigsthal in Richtung Spiegelhütte abbiegen, alternativ über Lindberg; Bus: Falkenstein-Bus
- **Öffnungszeiten:** Ganztägig (offiziell 9–19 Uhr), während Brunft(–April) Gehege geschlossen, Aussichtsbalkone an der Hütte und an der Straße ganzjährig begehbar
- **Altersempfehlung:** Ab 2 Jahren
- **Information:** Rothirschgehege, Scheuereck 1, 94227 Lindberg, Tel. 09922/20 71 (Waldgaststätte)
- **Einkehr:** Waldgaststätte am Gehege (Di geschlossen)

Tipp

Wer wandern will, erreicht ab Scheuereck in knapp einer Stunde auf Forststraßen und steinigem Wanderpfad die idyllisch gelegene **Höllbachschwelle** (der Markierung grünes Dreieck in Richtung Falkenstein folgen) und kehrt auf derselben Strecke zurück.

Hinein in die Schlucht 13

Durch die rauschende Steinklamm in Spiegelau

Auf dem alten Flößersteig führt diese 7,5 km lange Rundwanderung durch die romantische Schlucht der Großen Ohe sowie zum Großarmschlager See.

Auf der Marienbrücke geht es trockenen Fußes über die Große Ohe.

- **Anfahrt:** Über Zwiesel oder Eppenschlag oder Grafenau oder Neuschönau; Parken beim Glaszentrum oder bergab in der Steinklammstraße linksseitig; Bahn/Bus: Waldbahn (1 km der Hauptstraße entlang bergab), Igelbus
- **Markierung:** Steinforelle
- **Tourencharakter:** Hinweg direkt durch die Klamm, mäßig attraktiver Mittelteil auf einer Forststraße, Rückweg nett am Kanal entlang
- **Höhenmeter:** 150 m
- **Altersempfehlung:** Ab 5 Jahren
- **Information:** Touristinformation, Konrad-Wilsdorf-Str. 1, 94518 Spiegelau, Tel. 08553/96 00 17, www.spiegelau.de
- **Einkehr:** Gasthof Genosko und Glaszentrums-Bistro an der Hauptstraße beim Einstieg sowie Gaststätte Waldeck kurz vor Tourende (jeweils schwankende Öffnungszeiten)

Idyllisch, aber nicht zum Baden geeignet: der Großarmschlager See.

Vom unbeschrankten Bahnübergang hinter der Sparkasse von Spiegelau geht es bergab in die Steinklammstraße. Der Einstieg zur Klamm erwartet Wanderer 300 Meter nach der gleichnamigen Pension. Wo der Asphalt endet, tauchen wir links hinab in die Schlucht und folgen dem bezaubernden Pfad »Steinforelle« am rechten Ufer der Großen Ohe entlang. Schwieriger als am Einstieg wird es nirgendwo. Dennoch sollten Kinder trittsicher sein, passende Schuhe tragen und an Engstellen an die Hand genommen werden.

Das feuchte Nass rauscht, aufgrund eines Kanals, der Wasser abzweigt, jedoch weniger stark als zu Zeiten des Geologen Carl Wilhelm von Gümbel, der bereits vor 150 Jahren die Steinklamm als »sehenswürdige Natur-

Tipp

Jenseits des Spiegelauer Bahnhofs liegt hinter der Sportgaststätte am Trosselweg der **Waldspielpark** (auch als Waldspielgelände ausgeschildert). Dort freuen sich Kids über Holzgeräte zum Schaukeln, Wippen und Klettern. Auf dem Rundweg »Tagpfauenauge« marschiert man auch mit Kinderwagen in rund einer Stunde schön übers Gelände.

merkwürdigkeit« pries. Beschauliche Kaskaden, glatte Felswände und sedimentgefüllte Strudellöcher gefallen bis heute und zeugen von der Ausdauer und der Kraft des nassen Elements in der bis zu 100 Meter tiefen Schlucht.

Die robuste Marienbrücke ziert der Brückenheilige Johannes Nepomuk, wir wechseln hinüber zum Ostufer. Dort marschieren wir zunächst erhöht am Fluss entlang, dann in einem weiten Bogen auf schmaler Forststraße sanft hinauf zum idyllisch gelegenen Großarmschlager See, aus dessen Wasserreservoir Strom erzeugt wird. Die letzten Meter verlaufen auf einem Wanderweg. Nun schreiten wir erst am linken Seeufer, dann linksseitig am ebenso malerischen Kanal entlang zurück in Richtung Spiegelau.

Ab dem Kanaldurchbruch schlängelt sich der Wanderweg unter schattigen Fichten über die Gleise der Waldbahn hinweg sanft dem höchsten Punkt des Rundwegs entgegen. Vor Spiegelau schlagen wir, der Markierung »Steinforelle« folgend, einen Haken nach rechts und erreichen am Kapellenweg die Bebauung. Hinter der Staatsstraßenbrücke bringt uns der Ludwig-Stangl-Weg links nach insgesamt rund zweieinhalb Stunden Gehzeit zur Steinklammstraße zurück.

Tipp

Eine familiengerechte Rundwanderung auf den Großen Rachel (1453 m) zum bewirtschafteten **Waldschmidthaus** führt vom Nationalpark-Parkplatz Gfäll über den Klingenbrunner Rachelsteig (Markierung »Bärlapp«) bergwärts sowie über die Forststraße (Markierung »Auerhahn«) wieder hinab, was insgesamt unter drei Stunden Gehzeit beansprucht. Als Fleißaufgabe erfolgt ab Waldschmidthaus der gut 15-minütige Gipfelsturm auf sehr steinigem Pfad. Anfahrt: Mit dem Igelbus ab Park & Ride Spiegelau Mitte Mai bis November halbstündlich ab 8.35 Uhr (Erwachsene 1,50 Euro, 6–14 Jahre 0,50 Euro). Auf halber Busstrecke startet alternativ der **Seelensteig**, ein gut 30-minütiger Rundweg auf Holzbohlen durch typischen Bergmischwald.

14 Himmelsleiter auf den Lusen

Im Nationalpark durchs Blockmeer dem Gipfelkreuz entgegen

Die beliebte Bergwanderung mit fantastischem Gipfelerlebnis auf 1373 m Höhe eignet sich gut für fitte Familien. Die gesamte Runde beansprucht gut zwei Stunden reine Gehzeit.

Unser Ausgangspunkt, der sogenannte Lusenparkplatz, liegt auf gut 1100 m Höhe. Dorthin gelangen Wanderer mit dem stündlich verkehrenden Igelbus (Abfahrt bei Druck des Buches in der Wandersaison vom Parkplatz Fredenbrücke stündlich ab 8.51 Uhr, vom Waldhäuser-Ausblick jeweils acht Minuten später; Erwachsene 1,50 Euro, 6–14 Jahre 0,50 Euro).

Vom Lusenparkplatz, offiziell Waldhausreibe genannt, folgen wir der Markierung »Luchs« im Uhrzeigersinn. Breit und sanft ansteigend führt der »Sommerweg« zur Glasarche, die wir zusammen mit der Schutzhütte links liegen lassen. Nun führt ein geschotterter, breiter Pfad stetig bergauf und schnurgerade auf das Gipfelkreuz zu. Wo der gefräßige Borkenkäfer seine Spuren hinterließ, wachsen jetzt junge Bergfichten und Vogelbeeren, die allerdings kaum Schatten spenden.

- **Anfahrt:** Von der Nationalparkstraße zwischen Spiegelau und Neuschönau bei Graupsäge nach Waldhäuser abbiegen, bergan folgen vier Igelbus-Haltestellen, zuletzt der Parkplatz »Ausblick« unmittelbar vor der Sperre für Privat-Kfz
- **Markierung:** Luchs
- **Tourencharakter:** Der sonnige Aufstieg wird zum Gipfel hin anspruchsvoll, Abstieg auf breitem, einfachem und schattigem Weg
- **Höhenmeter:** 275 m
- **Altersempfehlung:** Ab 8 Jahren
- **Information:** Hans-Eisenmann-Haus, Böhmstr. 35, 94556 Neuschönau, Tel. 08558/961 50, www.nationalpark-bayerischer-wald.de; Gemeinde Neuschönau, Kaiserstr. 13, 94556 Neuschönau, Tel. 08558/96 03 28, www.neuschoenau.de
- **Einkehr:** Lusenschutzhaus, Café-Restaurant Guldensteig und Berggasthof Lusen in Waldhäuser

Die symbolträchtige Glasarche zieht Kinder magisch an.

Beim Hochwaldsteig handelt es sich um einen 400 Meter langen Rundweg auf Bohlen. Auf diesem Abstecher soll die natürliche Waldentwicklung besonders gut zu beobachten sein. Vorsicht: Falls feucht, sind die Bohlen rutschig. Zurück auf dem Sommerweg folgt eine Mulde, der geschotterte Weg geht Stück für Stück in die Himmelsleiter über. Von den Steintreppen aus scheint das Gipfelkreuz zum Greifen nah, doch der Aufstieg zieht sich – und der Weg wird steil und anspruchsvoll. Der mit gelbgrünen Flechten bewachsene Gipfelkegel ist nicht mehr das Werk von Windwurf und Borkenkäfer aus unseren Tagen. Vielmehr verdankt der Lusen seine Granitbrocken der jahrtausendelangen Verwitterung. Geologen sprechen von einem eiszeitlichen Blockmeer und zählen es zu den 100 schönsten Geotopen im Freistaat Bayern. Einer Sage nach wollte der Teufel unter den Steinen einen Goldschatz verbergen.

Das Schutzhaus des Wald-Vereins erreichen wir auf felsigem Steig in Richtung Süden. Bei passendem Wetter genießen Wanderer den Blick von der Sonnenterrasse. Nicht minder gemütlich zeigt sich die Gaststube mit urig-schwerer Holzdecke und Kachelofen. Speisen werden an der rechten, Getränke an der linken Theke abgeholt.

Der Abstieg erfolgt über den sogenannten Winterweg, einer ehemaligen Schlittenziehbahn, auf der heute bergtüchtige Fahrzeuge das Schutzhaus beliefern. Am Wegesrand blüht von Juni bis August Roter oder Weißer Fingerhut, dessen glockenförmige Blüten mindestens so giftig wie schön sind. Macht nichts, denn Wanderer sollen Pflanzen ohnehin nur betrachten. Nach knapp einer Stunde Abstieg

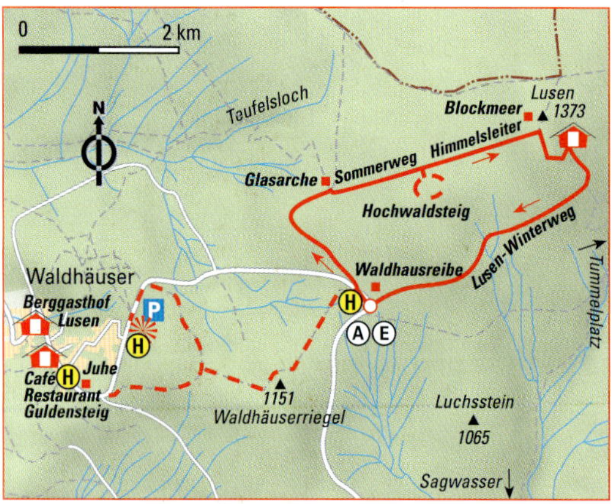

Tipp

Wer länger wandern und sich die Busfahrt sparen will, marschiert ab Waldhäuser auf dem Fernwanderweg (grünes Dreieck) um den Waldhäuserriegel herum zum Lusenparkplatz, was eine knappe Stunde in Anspruch nimmt. Bester Ausgangspunkt hierfür ist der Parkplatz Waldhäuser-Ausblick. Zunächst der Teerstraße 400 Meter bergan folgen, dann geht's nach rechts. Hinweis für den Rückweg: Wer auf halber Strecke zwischen Riegel und Waldhäuser bei der Lichtung links abbiegt, landet in der letzten Serpentine der Lusenstraße in Waldhäuser.

Einen sicheren Tritt erfordern die Steinstufen der Himmelsleiter.

landen wir wieder am Ausgangspunkt, dem Lusenparkplatz (Igelbus-Abfahrt bei Druck des Buches stündlich von 9.05 bis 18.05 Uhr).

Auch wenn sich die reine Gehzeit in Schranken hält, wird die ganze Tour mit An- und Abfahrt sowie Pausen leicht tagesfüllend. Bei Mittagshitze können Wanderer übrigens alternativ den schattigen und einfachen Winterweg hochgehen sowie später über den anspruchsvolleren Sommerweg absteigen. Übrigens: In der kalten Jahreszeit wird der Winterweg geräumt, auf eigene Gefahr benutzen ihn Rodler, wobei es sich um keine offizielle Piste handelt.

15 Tiere und Bäume hautnah

Nationalparkzentrum Lusen mit Infocenter und Baumwipfelpfad

Im Nationalparkzentrum Lusen begeistern der weltweit längste Baumwipfelweg, das Freigelände mit Bären und Wölfen und die modern präsentierten Infos im Hans-Eisenmann-Haus.

■ **Anfahrt:** Über Spiegelau, Grafenau (B 85/B 533), Freyung (B 12) oder Mauth; Bus: Igelbus
■ **Öffnungszeiten:** Freigelände täglich; Haus: 9–17 Uhr (2. Novemberwoche bis 25. Dezember geschlossen)
■ **Preise:** Gehege und Haus kostenlos; Parkplatz 1 Euro/Stunde, 5 Euro/Tag; Baumwipfelpfad: Erwachsene 8 Euro, ab 6 Jahren 6 Euro, Familien 19 Euro
■ **Altersempfehlung:** Ab 2 bzw. 5 Jahren (Wipfelpfad)
■ **Information:** Hans-Eisenmann-Haus, Böhmstr. 35, 94556 Neuschönau, Tel. 08558/961 50, www.nationalpark-bayerischer-wald.de; Baumwipfelpfad, Böhmstr. 41, 94556 Neuschönau, Tel. 08558/97 40 74, www.baumwipfelpfad.by
■ **Einkehr:** Waldwirtschaft (SB) und Café Eisenmann mit Lesegalerie (P2) und Kiosk (P1), Gasthof Euler (Partnerbetrieb in Neuschönau)

2010 öffnete das Hans-Eisenmann-Haus runderneuert seine Pforten. Die zeitgemäße Dauerausstellung trägt den Titel »Weg in die Natur«, wobei man gemäß Nationalpark-Philosophie »Natur Natur sein lassen« möchte.

Hinter dem ursprünglich 1982 eingeweihten Haus lädt das Tier-, Pflanzen- und Gesteinsfreigelände dazu ein, die Vielfalt der Natur zu beschnuppern. Neben der Waldwirtschaft warten Spielgeräte. Letztendlich geht's natürlich über die Nationalparkstraße hinweg ins sage und schreibe 350 Fußballfelder große Tier-Freigelände mit seinen 16 Großgehegen und Volieren, das problemlos mit Kinderwagen sowie auch im Winter begangen werden kann.

Tier-Freigelände

Wie ein ausgiebiger Waldspaziergang mutet die schattige Wegstrecke durchs großräumige Freigelände an. Rund 40 Vogel- und Säugetierarten geben einen Eindruck davon, wie es vor weniger als 200 Jahren auf freier Wildbahn im Bayerwald aussah. Teils führen die Wege an den Gehegen vorbei, bei den Wildschweinen, Rothirschen und einigen Vögeln sogar mitten durch die Gehege bzw. Volieren hindurch.

Putzige Braunbären im Tierfreigelände am Lusen.

Gegen den Uhrzeigersinn verläuft der empfohlene, 7 km lange Rundweg. Wer weniger Zeit mitbringt, nutzt eine von zwei Abkürzungen, die die Runde in etwa halbieren.

Die letzten europäischen Wildrinder, die Wisente, sowie Luchs und Uhu zählen zu den ersten Arten, an denen der Spaziergang vorbeiführt. Dahinter warten die Wölfe und neuerdings Elche. Zuhörer erleben oft ein Hörspiel der besonderen Art, wenn die Neuschönauer samstags um 11 Uhr ihre Sirene testen. Denn das Wolfsrudel aus dem Freigelände-Gehege antwortet darauf gerne laut heulend. Nach Wildschweinen und Hirschen folgen die Braunbären, die es im Bayerwald nur im Nationalparkzentrum Lusen zu bestaunen gibt. Einerseits schaffen die geräumigen Gehege Lebensräume, die der freien Wildbahn ähnlich sind. Andererseits kann es passieren, dass Besucher weit weniger Tiere zu Gesicht bekommen als erhofft – bisweilen helfen selbst Aussichtskanzeln und Ferngläser nicht weiter.

Tipp
Wer will, gelangt über den Hintereingang des Freigeländes in Altschönau schnurstracks zu den Bären.

Baumwipfelpfad

Auf halber Strecke zwischen Hans-Eisenmann-Haus und dem Tier-Freigelände zieht seit 2009 der barrierefreie Baumwipfelpfad große und kleine Besucher in seinen Bann. Der bis zu 25 Meter hohe Holzstelzenweg erklärt den Wald auf sechs Info- und drei atemberaubenden Erlebnisstationen aus der Vogelperspektive. Höhepunkt und Wahrzeichen des über einen Kilometer langen Stelzenpfades ist der 44 Meter hohe, ovale Baumturm mit seiner überdimensionalen Wendeltreppe. Das gekonnt in die Landschaft eingefügte Konstrukt eignet sich allerdings nur für Schwindelfreie!

16 Im Dschungel

Das versteckte Felswandergebiet im Nationalpark

Felskanzeln in einem urwaldartigen Mischwald entdecken – das ist ganz nach dem Geschmack vieler Schulkinder.

Wer gegenüber dem Jugendwaldheim vom Parkplatz Felswandergebiet der Markierung »Haselhuhn« knapp einen Kilometer bergan folgt, sieht im Wald mächtiges Bayerwald-Urgestein aufragen. Der Zubringerweg mündet in einen gut zwei Kilometer langen Rundweg durch das Felswandergebiet. Darin durch- und überschreiten Wanderer im Uhrzeigersinn in urwüchsiger Natur mächtige Felsblöcke.

Wer es eilig hat, folgt einem der Pfade, die als verkürzter Rundwanderweg ausgeschildert sind. Wer weiter will, auf den wartet 500 Meter östlich des eigentlichen Felswandergebiets die Große Kanzel mit kleinem

- **Anfahrt:** Über Nationalparkzentrum Lusen oder Freyung (in Reschmühle in Richtung Nationalpark abbiegen, in Sagwassersäge rechts) oder Mauth; Bus: Igelbus
- **Markierung:** Haselhuhn
- **Tourencharakter:** Bergan breiter Zubringerweg, spannender Pfad durchs Felswandergebiet
- **Höhenmeter:** 250 m
- **Altersempfehlung:** Ab 5 Jahren
- **Information:** Hans-Eisenmann-Haus, Böhmstr. 35, 94556 Neuschönau, Tel. 08558/961 50, www.nationalpark-bayerischer-wald.de

Mannshohe Felsen säumen den Weg.

»Natur Natur sein lassen« – das zählt im Kerngebiet des Nationalparks.

Ausblick in Richtung Süden. Den Abstecher dorthin weist die »Eberesche«. Der alternative Rückweg zum Parkplatz folgt der Markierung »Vogelbeere« in Richtung Schönbrunn, dabei unbedingt von der Großen Kanzel zunächst bis zum Felswandergebiet zurückgehen!

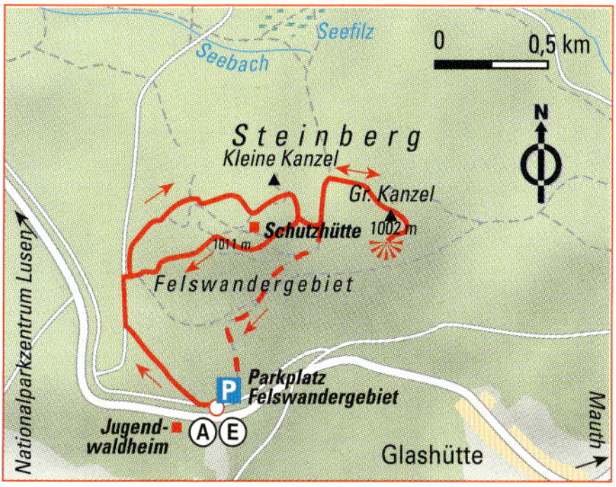

Tipp

Wer unter Anleitung klettern will, kommt nach Schönberg westlich von Grafenau, wo sich mutige Kinder ab 9 Jahren/1,30 m Größe mit Eltern am Kadernberg durch den **Naturhochseilpark** hangeln. Bei gutem Wetter Mitte Juni bis Mitte September täglich, Mai und Oktober Sa/So, Familien 89 Euro, Tel. 09941/ 770 10 52, www.die-erlebnis-akademie.de (hier gibt es auch Infos zu Kletterparks in Lam, Bodenmais und Straubing).

17 Auf Ritter Eberweins Spuren

Burgruine Weißenstein auf dem Pfahl bei Regen

Die Burgruine Weißenstein im Süden der Glasstadt Regen versprüht mittelalterliches Flair. Vom Aussichtsturm genießen Groß und Klein einen herrlichen Rundblick.

Am Fuß der Ruine präsentiert sich vom Parkplatz aus gesehen ein beschauliches Ensemble. Dazu gehören Dorfkapelle, Bolzplatz, Burg samt Aussichtsturm, Museums-Turm und – etwas versteckt – der Gläserne Wald. Die Anlage steht mit gut 750 Metern auf dem höchsten Punkt des Pfahls, einem harten Urgestein, das teils mauerartig den ganzen Bayerischen Wald durchzieht. Die helle Farbe der Formation verlieh Weißenstein seinen Namen.

Die Anfänge der Anlage reichen über 900 Jahre zurück. Zu den zahlreichen Burgherren zählen ab dem Spätmittelalter die Degenberger, darunter Ritter Eberwein. Heute spukt in den alten Gemäuern einer Sage nach eine weiße Frau, die einst eingemauert ein schreckliches Ende

- **Anfahrt:** Über die B 11/B 85; Weißenstein liegt 2 km südlich der Umgehungsstraße und ist ausgeschildert
- **Öffnungszeiten:** April bis 1. November Di–Do 10–16.30 Uhr, Fr–So 10–17.30 Uhr; bei Regenwetter geschlossen
- **Preise:** Erwachsene 1 Euro, bis 16 Jahre 0,50 Euro
- **Altersempfehlung:** Ab 3 Jahren
- **Information:** Kurverwaltung, Schulgasse 2, 94209 Regen, Tel. 09921/604 82, www.regen.de
- **Einkehr:** Weißensteiner Alm hinterm Gläsernen Wald, Kiosk am Parkplatz; Waldgasthof Greipl in der Ortschaft Dreieck zwischen Regen und Zwiesel

Tipp

Wer einmal durch eine hübsche Stadt schlendern will, kann in **Regen** nette Ecken entdecken. In einer gemütlichen Stunde spazieren Familien auf einem Rundweg am Schwarzen Regen entlang. Los geht's im Kurpark, in dem ein Spielplatz Kinder magisch anzieht. Wer ein Stück Brot mitbringt, sieht Enten gierig wetteifern. Über die Ludwigsbrücke bzw. den Rodenstocksteg hinweg geht es jeweils auf der gegenüberliegenden Flussseite zurück. Ein Abstecher zu einer der Eisdielen an der Uferpromenade Unterer Sand versüßt den Spaziergang durch die Stadt, die sich »Perle am Fluss« nennt.

Wie aus dem Bilderbuch: Burgruine Weißenstein auf dem Pfahl bei Regen

gefunden haben soll. In den neunziger Jahren des letzten Jahrhunderts hat die Stadt Regen die Ruine aufwendig saniert. Wer heute die Anlage besucht, landet letztendlich auf dem mächtigen Wohnturm, der eine hervorragende Aussicht nicht nur auf die höchsten Gipfel des Bayerwaldes bietet. Die kleinsten Besucher auf den Treppen bitte an die Hand nehmen.

Auf der dem Kassenhäuschen gegenüberliegenden Seite steht ein Museums-Turm, der Fressendes Haus genannt wird. In den Ausstellungsräumen dieses ehemaligen Getreidekastens und Dichterdomizils gibt es allerdings außer einer Ritterrüstung, einem Modell der Burg und einer Bastelecke für Kinder nicht sehr viel zu entdecken. Hinter dem Fressenden Haus befindet sich im Freien ein Kunstwerk, das zwei Symbole der Region, Glas und Holz, zum Gläsernen Wald vereint.

Tipp

Ein **Flusswanderweg** schlängelt sich vom Regener Stausee gut 10 km entlang des Schwarzen Regen nach Zwiesel. Parallel dazu verläuft die Waldbahn. Auf halber Strecke, in Bettmannsäge, liegt ein Haltepunkt der etwa stündlich verkehrenden Züge. Übrigens: Im Winter tummeln sich auf dem Stausee Eissportler aller Art.

18 Biken, rodeln, wandern

Action und Einkehr auf dem Geißkopf bei Bischofsmais

Eine breite Palette an Aktivitäten bietet der Geißkopf bei Bischofsmais Moutainbikern, Sommerrodlern, Wanderern und gemütlichen Gipfelstürmern.

Die Bischofsmaiser gehörten zu den ersten im Bayerwald, die auf den Tourismus setzten. Heute erfreut ihr 1097 Meter hoher Hausberg von Frühling bis Herbst sowohl die Bikerszene als auch Wanderer sowie in der kalten Jahreszeit Wintersportler. Rodler kommen fast das ganze Jahr über auf ihre Kosten. Gemütliche wiederum nutzen den Sessellift.

Bikepark

Am Geißkopf zieht der erste Mountainbikepark Deutschlands mit zwölf völlig unterschiedlichen Trails Einsteiger, Geübte und auch Profis magisch an. Zu den einfachen Tracks zählen der Rundparcours für Kinder nahe der

■ **Anfahrt:** Über die Ruselbergstrecke Deggendorf–Regen oder von Nordwesten über Habischried; der Geißkopf liegt bergan 3 km westlich von Bischofsmais

■ **Öffnungszeiten:** Geißkopfbahn und Bikepark Mai bis Oktober Mi–So 9–16.45 Uhr, Juni bis September teils auch Mo/Di; Rodeln jeweils nur bei trockener Bahn ab 9.30 Uhr

■ **Preise:** Geißkopfbahn: Berg- oder Talfahrt Erwachsene 3,50 Euro, 6–15 Jahre 2,50 Euro; Bikepark: 1 Std. 7 bzw. 5 Euro, Tageskarte 24,50 bzw. 19 Euro + 2 Euro Streckenbenutzung/Tag; Rodeln mit Auffahrt 3,50 bzw. 2,50 Euro, Mehrfachkarten sowie werktags günstige Zeitkarten

■ **Altersempfehlung:** Ab 3 Jahren, lange Wanderung ab 5 Jahren, einfachere Bikepark-Parcours nach eigenem Ermessen

■ **Information:** Touristikinformation, Hauptstr. 34, 94253 Bischofsmais, Tel. 09920/94 04 44, www.bischofsmais.de; Geißkopfbahn, Unterbreitenau 3, Tel. 09920/231, www.geisskopf.de; MTB Zone Bikepark, Unterbreitenau 1, Tel. 09920/90 31 35, www.bikepark.net

■ **Einkehr:** Forstgasthof (Talstation), Geißkopfhütte (Bergstation), Landshuter Haus (Oberbreitenau), Ferienpark-Restaurant (Bischofsmais)

Talstation oder der neue, vergleichsweise gefahrlose Flow Country Trail. Den 2,2 Kilometer langen Freeride, der am Geißkopf-Gipfel startet, stufen Experten bei trockenem Wetter als mittelschwer ein. Das Evil Eye mit seinen spektakulären Holzhindernissen hat Streckendesigner Diddie Schneider für echte Könner kreiert. »You go first« eignet sich für verrückte Vögel. Die Auffahrt erfolgt jeweils mit der Bergbahn. Zur Bikepark-Infrastruktur gehören auch Shop, Verleih (Bikes/Ausrüstung) und Schule.

Paradies für fitte Mountainbiker.

Rodelbahn

Direkt von der Mittelstation der altehrwürdigen Bergbahn schlängelt sich eine gut 600 Meter lange Sommerrodelbahn talwärts. Das Tempo dosiert jeder wie er möchte. Wer es krachen lässt, beschleunigt auf bis zu 40 Stundenkilometer. Mama und Papa nehmen Kinder unter sieben Jahren bereits bei der Auffahrt mit dem Sessellift auf den Schoß. Übrigens: Im Winter beginnt an der Bergstation nicht nur eine Skipiste, sondern auch eine zwei Kilometer lange »echte« Rodelbahn.

Bergbahn, Wanderrevier und Aussichtsturm

Eilige oder Gemütliche fahren mit dem Sessellift auf den Gipfel. Wanderer führen viele Wege knapp 300 Höhenmeter hinauf auf den Geißkopf, darunter Rundweg Nr. 4. Zuletzt führt ein Stichweg zum hölzernen Aussichtsturm. Durstige lassen sich in der Geißkopfhütte nieder. Gut einen Kilometer weiter liegt das ebenfalls bewirtschaftete Landshuter Haus, das in die Wanderrunde integriert werden kann.

Alternativ kann man auf dem anstrengenderen Weg Nr. 12 direkt am nordwestlichen Ortsrand von Bischofsmais (Wastlsäg) in Richtung Gipfel marschieren. Beginn ist am Wanderparkplatz beim Ortsschild, zunächst geht es 300 Meter neben der Straße entlang, dann links hoch, dem Pfeil »Oberbreitenau« folgend.

Tipp

Seit 2008 freuen sich Kinder im zentral gelegenen **Kurpark** von Bischofsmais über den Spielplatz samt Floß, im Winter rauschen Rodler einen beleuchteten Hügel hinunter.

19 Der GEHsundheitsweg

Sanft auf und ab wandern am Ruselabsatz

Auf der Passhöhe der Rusel (855 m) startet ein hübscher, gut einstündiger Rundweg mit elf naturnahen Themenstationen im schattigen Wald und mit zwei herrlichen Ausblicken.

Die Natur mit Augen, Nase und Ohren erkennen und bewusst erleben – das ist die Philosophie dieses gut 2,5 Kilometer langen Rundwegs, den ein stilisierter Baum symbolisiert. Vom Parkplatz am Ruselabsatz verläuft der Weg gegen den Uhrzeigersinn in Richtung Süden. Nach wenigen Metern verlassen wir die Forststraße und folgen der Markierung nach rechts. Es folgt ein schöner Pfad durch schattigen Mischwald, anschließend durch reinen Fichtenbestand.

Die Stationen des GEHsundheitsweges regen Groß und Klein dazu an, den Waldboden zu erfühlen oder Quellwasser zu spüren. Was den dadurch angestrebten Perspektivwechsel betrifft, dazu kann sich jeder seinen Teil denken. Doch auch wenn der angekündigte Einklang von Körper & Seele nicht vollends eintritt – Spaß bereitet der kindgerechte, abwechslungsreiche Weg mit gut einer Stunde reiner Gehzeit allemal. Das Holz-Xylophon bei der Station »Klangspiele« zu schlagen, lässt sich der Nachwuchs jedenfalls nicht entgehen.

Ein gut 150 Meter langer Stichweg führt zu einem kleinen Felsvorsprung namens Geßinger Stein (874 m). Von diesem herrlichen Aussichtspunkt schweift der Blick über das Schauflinger Tal hinweg nach Süden. Wer Glück hat, erblickt bei Föhnwind am Horizont sogar die Alpen mit der 2713 Meter hohen Watzmann-Doppelspitze – eine Panoramakarte hilft bei der Suche. Im Rahmen der GEHsundheitsweg-Idee bedeutet das, »die Weite des Raumes« zu erleben.

- **Anfahrt:** Staatsstraße Deggendorf–Regen, Parkplatz am Ruselabsatz (Passhöhe)
- **Markierung:** Stilisierter Baum
- **Tourencharakter:** Schöner Wanderpfad, kurzes Mittelstück auf gekiestem Forstweg
- **Höhenmeter:** 100 m
- **Altersempfehlung:** Ab 3 Jahren
- **Information:** Tourismusreferat Deggendorfer Land, Tel. 0991/310 02 31, www.gehsundheitsweg.de

Der Geßinger Stein bietet einen herrlichen Ausblick nach Süden.

Nach dem Abstecher zum Geßinger Stein führt die Runde nach dem Holz-Xylophon auf gekiestem Forstweg weiter zum Königstein. Um ihn zu erklimmen, biegen wir der Markierung folgend nach links ab. Auf dem kurzen, sportlichen Anstieg begegnen uns Schwefelflechten, am Aussichtspunkt grüßt aus Richtung Osten der Brotjacklriegel. Der markante Sendemast verrät die südlichste Erhebung im Vorderen Bayerwald, die mehr als 1000 m misst.

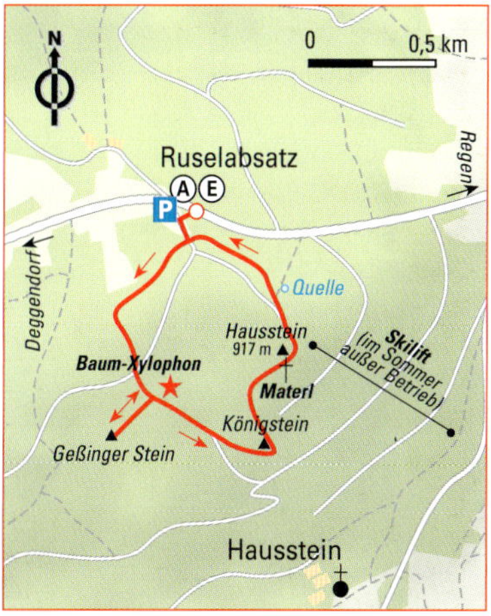

Dem Summfelsen folgt ein echter Ort der Stille mit Marterl – einem Bildstock, der an ein einst geplantes Kloster erinnert. Hinter der Bergstation des Skilifts treffen wir auf einen Quellgrant. Zum rauschenden Wasser gesellt sich das Rauschen des Straßenverkehrs und deutet das baldige Ende der Runde an. Wer weiterwandern will, findet neue Ziele auf den Tafeln am Parkplatz.

20 In Eintracht mit den Tieren

Das glückliche Leben auf Gut Aiderbichl Bayern

Hunderte Tiere erhalten auf Gut Aiderbichl ihr Gnadenbrot. Dort können Tierliebhaber die einst verlorenen Kreaturen das ganze Jahr über besuchen.

»Wer das Leben liebt, liebt das, was lebt.« Diese Philosophie vertritt Michael Aufhauser. Das Wohl der Tiere lag ihm schon immer am Herzen. Deshalb gründete der Schwabe im Jahr 2000 in der Nähe von Salzburg Gut Aiderbichl, in dem Tiere ihr Gnadenbrot erhalten. Sechs Jahre später entstand ein deutsches Pendant am Rande des Bayerischen Waldes: Gut Aiderbichl Bayern. Wer die ganz besondere Begegnungsstätte für Tier und Mensch besucht, zahlt wie in einem Tierpark an der Kasse Eintritt. Ganz nach Wunsch lässt man sich führen (Start zur vollen Stunde vor dem Hauptstall) oder schlendert selbstständig über den Hof.

- **Anfahrt:** A 3 Ausfahrt Deggendorf Mitte bzw. Hengersberg, dann ausgeschildert; oder von Norden über Schaufling
- **Öffnungszeiten:** Täglich 9–18 Uhr
- **Preise:** Erwachsene 6 Euro, 4–14 Jahre 3,50 Euro
- **Altersempfehlung:** Ab 2 Jahren
- **Information:** Gut Aiderbichl Bayern, Eichberg 26, 94469 Deggendorf, Tel. 09901/90 32 98, www.gut-aiderbichl.com
- **Einkehr:** Vegetarisches Kiosk-Restaurant im Innenhof

Auf Aiderbichl geht es Tieren lebenslänglich gut.

Ein Spektakel: Abends sausen Ziegen von der Weide in den Stall.

Zu den Bewohnern gehören Pferde, Esel, Schweine, Ziegen, Hasen, Tauben, Katzen in einer eigenen Villa – und seit 2011 die Familie von Kuh Yvonne, die als Ausreißerin 98 Tage lang Behörden und Medien auf Trab hielt. Im verständnisvollen Umgang mit Tieren lernen wir nach Ansicht des Gründers, mit Schwächeren würdevoll umzugehen und uns als Schicksalsgemeinschaft auf Erden zu begreifen. Wer will, wird Tierpate und unterstützt die Arbeit von Gut Aiderbichl.

Vor Ostern und Weihnachten tauchen stimmungsvolle **Märkte** Gut Aiderbichl in ein ganz besonderes Licht.

Tipp

Wer die Natur mag, nähert sich ihr im **Infozentrum Isarmündungsgebiet** mit Spielgelände. Ein kurzer Bohlenweg führt zum Mühlbach, an dem Auerochsen grasen. Zwei Naturerlebniswege (5,5 km mit kleinem Aussichtsturm oder – ab Parkplatz Grieshaus – 7 km zur Mündung) ermöglichen einen längeren Streifzug durch das einzigartige Auengebiet. Anfahrt: Zwischen Osterhofen und Plattling von der B 8 in Richtung Moos abbiegen; geöffnet von April bis Oktober Mi–So 10–17 Uhr; Infohaus, Maxmühle 3, 94554 Moos, Tel. 09938/91 90 98, www.infohaus-isarmuendung.de; Einkehr mit Biergarten in der Schlosswirtschaft Moos (Mo geschlossen).

21 Auf den Brotjacklriegel

Alle Wege führen zum Turm

Aus jeder Himmelsrichtung führt ein Pfad zum 1016 Meter hohen Vorwaldgipfel. Sowohl für Gemütliche als auch für Sportliche findet sich ein geeigneter Aufstieg.

Wer über die Donau hinweg aufs grüne Dach Europas kommt, trifft mit dem Brotjacklriegel auf den südlichsten Berg im Vorderen Bayerwald, der die magische 1000-Meter-Marke durchbricht. Von Weitem dominiert ein 125 Meter hoher Sendemast den Gipfel, erst wer auf die bewaldete Gipfelkuppe steigt, entdeckt einen 27 Meter hohen Aussichtsturm. 127 Stu-

- **Anfahrt:** Von Westen über die A 3, Abfahrt Hengersberg sowie die B 533 über Grattersdorf, von Norden über Schöfweg, von Osten über Zenting, von Süden über die A 3, Ausfahrt Iggensbach sowie Schöllnach
- **Markierung:** Ab Daxstein: Turmweg und Goldsteig sowie Nr. 28; ab Ölberg: Turmweg sowie Nr. 28; ab Langfurth: Turmweg und Goldsteig sowie Nr. 18; ab Reichlhöhe: Turmweg sowie Nr. 18/28a; gestrichelter Rundwanderweg Turm in rotem Kreis, zugleich bis Liebmannsberg Nr. 15, Liebmannsberg–Ölberg Nr. 48, Ölberg–Daxstein Nr. 28 (Einstieg Nr. 48, Schluss Nr. 23)
- **Tourencharakter:** Fast durchwegs gut zu gehende Wanderwege auf und rund um den bewaldeten Vorwaldgipfel
- **Höhenmeter:** Je nach Variante zwischen 80 m (Reichelhöhe) und 350 m (Rundweg)
- **Öffnungszeiten:** Turm: Palmsonntag bis Anfang November 10–18 Uhr, Tel. 0171/325 60 55 (Pächter Ingo Müller seit 2011)
- **Preise:** Aussichtsplattform Erwachsene 1 Euro, Kinder 0,50 Euro
- **Altersempfehlung:** Variante Reichlhöhe ab 3 Jahren, Turmwege ab 5 Jahren, Rundweg ab 9 Jahren
- **Information:** Touristikverein Sonnenwald e.V., Schulgasse 4, 94579 Zenting, Tel. 09907/872 00 15, www.region-sonnenwald.de
- **Einkehr:** Turmstüberl (Gipfel), Café Wimmer (Ölberg, Di geschlossen), Gasthof Ranzinger (Langfurth Ortsmitte), Gasthof zum Büchelstein/Raith (Kerschbaum), Hotel-Gasthof Kammbräu (Zenting)

Blick vom Aussichtsturm in den Hinteren Bayerwald zum Rachel (Mitte).

fen führen auf das Holzbauwerk, von seiner Aussichtsplattform genießen Gipfelstürmer über die Baumwipfel hinweg einen herrlichen Rundblick. Im Bauch des Turms lädt ein einfaches Stüberl zur Rast ein.

Vier Turmwege führen in je knapp einer Stunde über jeweils um die 200 Höhenmeter den Berg hinauf. Wanderer orientieren sich an Schildern mit dem stilisierten Turm. Alle Wege zieren Holzfiguren, die Tiere und Fabelwesen darstellen, darunter ein zwei Meter großer Kojote, den so mancher für einen Hund hält. Um den Namen des Gipfels, auf dem das Holztier steht, ranken sich wiederum so viele Sagen wie Wege hinaufführen. Wahrscheinlich wurde die ursprüngliche

Bezeichnung »Breiter Jägerriegel« einfach bairisch ausgesprochen und verkürzt.

Die vier Routen im Detail

Der schwierigste Aufstieg startet im Osten am Ortsausgang von Daxstein auf der Passhöhe beim Berg-Hotel. Vom Wanderparkplatz beginnt auf der gegenüberliegenden Straßenseite der Sturm auf den König der Sonnenwaldberge. Ohne Furcht vor dem Steilweg halten wir uns an der Gabelung links und marschieren auf der Forststraße weiter. Nachdem es zunächst ein kleines Stück bergab geht, steigen wir am Waldrand rechts den Bergweg hinauf. Neben dem folgenden Anwesen erreichen wir erneut schattigen Mischwald. Die angekündigte steilere Passage entpuppt sich als kurz und wird durch Steintreppen entschärft. Um das Gelände des Senderturms herum nähern sich Gipfelstürmer ihrem Ziel.

Als mittelschwer gilt die südliche Variante ab Ölberg. Geparkt wird beim Café Wimmer. Der Weg verläuft im bewirtschafteten Mischwald zwischen Fichten, Tannen, Buchen und Bergahorn, die an heißen Sommertagen Schatten spenden. Zwei Forstwege werden gequert, kurz vor der Gipfelkuppe kommt es zur Vereinigung mit dem Daxsteiner Turmweg.

Ebenso als mittelschwer eingestuft wird der aussichtsreiche Weg ab Langfurth aus Richtung Westen. Am besten parkt man am Feuerwehrhaus, der Einstieg erfolgt auf der anderen Straßenseite, die ersten Meter können der Lifttrasse entlang absolviert werden. Auf halber Höhe wird die Streusiedlung Neufang durchschritten.

Am bequemsten erreicht den Gipfel, wer vom Wanderparkplatz Langfurth aus den geteerten Brotjacklriegelweg bis zum Waldparkplatz Reichlhöhe hochfährt. Von dort führt ein weniger als eineinhalb Kilometer langer Spaziergang auf einer Forststraße, die selbst mit Kinderwagen gemeistert werden kann, zum Ziel.

Die Hälfte des Brotjacklriegel-Rundwanderweges verbindet die Ausgangspunkte Daxstein, Ölberg und Langfurth. Je nach Belieben kann die Wanderung zur Rundtour gemacht werden. Der gemäß unserer Karte längste Rundweg von Daxstein über den Gipfel nach Langfurth sowie über Liebmannsberg und Ölberg zurück verläuft über zehn Kilometer.

Bärenbobs im Kreiselmonster 22

Die aufgemotzte Sommerrodelbahn in Grafenau

Bis zu 40 Stundenkilometer schnell sowie durch vier neue Kreisel brausen Sommerrodler in Grafenau auf einer über 1000 Meter langen Strecke bergab.

Ist erst einmal der Gurt angelegt, zieht ein Lift Zweierbob samt Fahrer geradlinig zur Bergstation, die höher liegt als so mancher denkt. Dann klinkt das Gefährt aus, und die Freude am Fahren beginnt. In der ersten Gerade erinnert der sogenannte Doppeljump an eine Achterbahn, es folgt die erste scharfe Kurve. Wie eine silberfarbene Metallschlange schlängelt

Ein tierisches Vergnügen: der Bärenbob.

sich die Bahn ins Tal. Das Tempo dosieren die Fahrer je nach Lust und Laune. Nötigenfalls bremsen laut Betreiberangaben die Gefährte automatisch. Das abschließende Steilstück sollen ab 2012 vier neue Kreisel abrunden. Zu Tal tigern die Bärenbobs übrigens auch bei feuchter Witterung, allerdings der Sicherheit wegen eingeschränkt nur jeweils eine Person sowie erst ab zwölf Jahren.

- **Anfahrt:** Über die B 533, Umgehungsstraße, Ausfahrt Grafenau Mitte; Bahn: Waldbahn Grafenau (700 m Fußweg)
- **Öffnungszeiten:** April bis Oktober 10–17 Uhr
- **Preise:** Erwachsene 2,50 Euro, 6 Fahrten 12 Euro; 3–14 Jahre 2 Euro, 6 Fahrten 9 Euro
- **Altersempfehlung:** Ab 3 Jahren im Zweisitzer, Alleinfahrt ab 8 Jahren (Betreiberangaben)
- **Information:** Rodelbahn, Spitalstr. 44, 94481 Grafenau, Tel. 08552/973 99 99, www.sommerrodelbahn-grafenau.de
- **Einkehr:** Rodelhütte mit Terrasse; Keblmühle östlich von Grafenau (in Lichteneck von B 533 abzweigen)

23 Bei Asterix' Verwandten

Das lebendige Keltendorf Gabreta bei Ringelai

Nahe der Kammlage in Lichtenau unternehmen Familien eine Zeitreise zu den Kelten und erleben hautnah, wie ihr Alltag vor mehr als 2000 Jahren aussah.

Zwischen geschwungenen Hügeln liegt das Keltendorf Gabreta, dessen Eingang wie eine Zeitschleuse wirkt. Am anderen Ende beginnt eine Reise in die Epoche keltischer Stämme, die das heutige Dreiländereck vor den Römern und der folgenden Verbreitung des Christentums besiedelten. Die Römer nannten die Kelten übrigens Gallier, folglich sind die »Waidler« jener Epoche mit Asterix und Obelix verwandt. Gabreta wiederum war der Name des bayerisch-böhmischen Waldgebirges in der Antike.

Im nachgebauten Keltendorf langweilen keine Museumsvitrinen und Schautafeln. Vielmehr marschiert man mitten in fünf der sechs frühgeschichtlichen Häuser hinein, die auf Grundlage tatsächlicher Funde rekonstruiert sind. Unter traditionellem Schilf- oder Schindeldach und zwischen lehmverschmierten Wänden wird im düsteren Hütteninneren lebendig, wie die Kelten einst hausten. Seit 2011 krönt die Siedlung ein Tempelberg, der an das zehnjährige Jubiläum des archäologischen Erlebnisparks erinnert. Auf Koppel und Weide grasen schottische Hochlandrinder und Exmoor-Ponys, die den einstigen Haustieren der Kelten ähneln. Scheue Skuddenschafe, die kleinsten heimischen Tiere ihrer Art, laufen frei herum. Dass die Kelten nicht nur von der Viehzucht lebten, veranschaulichen kleine Felder mit wechselnden, alten Sorten.

- **Anfahrt:** Über die B 533, Abfahrt Grafenau Mitte oder über die B 12, Abfahrt südwestlich vor Freyung oder über Hohenau oder Perlesreut; kleiner Fußmarsch zum Eingang
- **Öffnungszeiten:** Ab Beginn der Osterferien bis November Di–So 10–18 Uhr (Einlass bis 17 Uhr), in der Hauptsaison und zu Ferienzeiten auch Mo geöffnet
- **Preise:** Erwachsene 6,50 Euro, 6–17 Jahre 4,50 Euro, Familien 13 Euro (jeweils inklusive Audioguide)
- **Altersempfehlung:** Ab 3 Jahren
- **Information:** Erlebnisland der Kelten, Lichtenau 1a, 94160 Ringelai, Tel. 08555/ 40 73 10, www.gabreta.de
- **Einkehr:** Keltenstube am Eingang, Hotel Koller in Ringelai

Mit dem eingangs bereitgestellten Audioführer zu hantieren, wirkt auf den ersten Blick umständlich, lohnt jedoch, da die knappen wie informativen Ausführungen die Geschichte der einzelnen Häuser erst so richtig verständlich machen. So erfahren Besucher, dass das Original des rund 3000 Jahre alten Töpferhauses als ältestes Gebäude sogar aus vorkeltischer Zeit stammt.

Wer an Aktionen teilnimmt, braut in Kesseln Zaubertrank wie einst der Druide Miraculix oder wäscht Kleider mittels wohlriechender Seifenkrautblätter (Aktionen während der Hauptsaison täglich, sonst meist nur Sa/So). Nach Voranmeldung kann man im Keltendorf sogar übernachten.

Während hinter dem Eingang beim Blick in Richtung Westen der lange Turm des Brotjacklriegels (1016 m) hervorspitzt, grüßt oben vom Kamm aus Richtung Osten der Aussichtsturm vom Haidel (1167 m). Nach all den bunten Eindrücken macht beim Marsch zum Ausgang die Photovoltaikanlage auf dem Dach des Gebäudes deutlich, dass sich die Reise in die Vergangenheit dem Ende zuneigt und es zurückgeht in die Jetztzeit.

Für eine Aktion pflückt Heidi Hans Kräuter.

Tipp

Fans ostbayerischer Geschichte lassen die letzten 8000 Jahre im **Museum Quintana** in Künzing zwischen Osterhofen und Vilshofen Revue passieren (Mai bis September Di–So 10–17 Uhr, Oktober bis April 10–16 Uhr, Familien 9 Euro). Kleine Forscher können auch das **Archäologiemuseum** in Landau/Isar besuchen (Di–Fr 10–16 Uhr, Sa/So 10–17 Uhr, Familien 6 Euro). Die ergiebigsten Reste des römischen Donau-Limes sind im **Kastell Abusina** (UNESCO-Weltkulturerbe) in Eining bei Neustadt/Donau zu bewundern (März bis Oktober 9–18 Uhr, Eintritt frei).

24 Am Wildwasser entlang

Ins Geotop Buchberger Leite zwischen Ringelai und Freyung

In der rauschenden Klamm der Wolfsteiner Ohe lässt sich zwischen schroffen Felsabbrüchen urwüchsige, wildromantische Natur erwandern.

- **Anfahrt:** Nach Ringelai über die B 533 oder B 12; offizieller Parkplatz Ende Jahnweg beim Hotel Koller; zum Carbidwerk zwischen Freyung (B 12 in Fahrtrichtung Passau) und Ringelai in Aigenstadl dem Wegweiser steil bergab folgen; der Wanderparkplatz liegt auf der anderen, nördlichen Oheseite
- **Markierung:** Nr. 1 bis Carbidwerk, Nr. 3 bis zur Scher
- **Tourencharakter:** Teils steiniger, teils verwurzelter Pfad nahe am Wasser
- **Höhenmeter:** 20–80 m
- **Altersempfehlung:** Ab 5 Jahren
- **Information:** Tourist-Info Ringelai, Pfarrer-Kainz-Str. 6, 94160 Ringelai, Tel. 08555/ 96 14 11, www.ringelai.de; Kurhaus, Rathausplatz 2, 94078 Freyung, Tel. 08551/ 58 81 50, www.freyungurlaub.de
- **Einkehr:** Landhotel Koller und Hotel Gross in Ringelai jeweils mit Biergarten

Schaurig-schöner Felsdurchbruch nahe Carbidwerk.

Die Buchberger Leite zählt zu den 100 schönsten Geotopen Bayerns, zwei Varianten bringen Groß und Klein die Wildbachklamm näher. Die durchgängig herrlichen, mitunter steinigen und verwurzelten Pfade führen direkt an der Wolfsteiner Ohe entlang. In der schattigen grünen Hölle soll einst sogar ein Drache gelebt haben. Übrigens: Geologisch gesehen gehört die Schlucht zum Bayerischen Pfahl, einem besonders harten Quarzstein, dessen Schichten die Erosionsarbeit des Wassers in der Klamm sichtbar macht.

Im Herz der Buchberger Leite zwischen Scher und Ringelai.

Kleine Runde ab Ringelai (3 km)

Im hübsch gelegenen Ort Ringelai beginnt der Wanderpfad nach dem Wendeplatz am Ende des schmalen, asphaltierten Leithenwegs in Richtung Freyung. Vom Parkplatz Jahnweg aus ist dieser Einstieg über Perlesreuter- und Dorfstraße zu erreichen. Auf dem stromaufwärts linken Nordufer begleitet uns das Rauschen der Wolfsteiner Ohe auf dem Weg Nr. 1. Lediglich in trockenen Sommermonaten wird den Oberläufen so viel Wasser zur Stromerzeugung entzogen, dass der Fluss bis kurz vor Ringelai, wo das

Tipp
Wer Ausdauer mitbringt, kann natürlich beide Varianten zu einer langen Tour vereinen und marschiert dabei von der Triftbrücke im Leithenweg in Ringelai bis zur Scher und zurück rund neun Kilometer, was mindestens drei Stunden Gehzeit beansprucht. Von der Hängebrücke zum Carbidwerk führt Weg Nr. 1 am Südufer der Ohe entlang.

abgezweigte Nass aus einem Stollen wieder einmündet, teils verstummt. Nach heftigen Regenfällen wiederum schwillt die ureigene Kraft der Ohe an.

Die Hängebrücke markiert den markanten Wendepunkt der kleinen Runde. Wir wechseln ans südliche Ufer und wandern auf dem ebenfalls mit der Nr. 1 gekennzeichneten Pfad an der flussabwärts linken Oheseite zurück nach Ringelai. Bevor wir auf die Bebauung treffen, führt rechts der etwas versteckt gelegene, ockerfarbene Triftsteg hinüber in den Leithenweg sowie zum Ausgangspunkt der Wanderung. Zwei schöne Biergärten warten in der Ortsmitte von Ringelai, der lauschigere vor dem Landhotel Koller nahe Jahnstraße. Wer nahe des Triftstegs im Ringelaier Leithenweg parkt, spart sich einen Kilometer Wegstrecke; es gibt dort keinen offiziellen Parkplatz, jedoch mehrere Parkbuchten.

Ins Herz der Leite ab Carbidwerk (4 km)

Ein paar Schritte oberhalb des Wanderparkplatzes auf der vom Carbidwerk aus gesehen anderen Flussseite beschreiten wir gleich zu Beginn eine ungewöhnliche Passage – einen rund 30 Meter langen und nur gut zwei Meter hohen, dunklen Felsdurchbruch. Auf eigene Gefahr ist es erlaubt, den leicht ansteigenden Engpass zu benutzen, das Licht am Ende des Tunnels weist den Weg. Hinter dem Felsdurchbruch wartet der schönste Teil der Buchberger Leite. Zwischen moosbewachsenen Felsblöcken zischt die Gischt der Kaskaden. Die Sonne blinzelt durch das grüne Blätterdach auf den erhöht verlaufenden Weg Nr. 3, den immer wieder schroffe Felsabbrüche säumen. Die Kleinen bitte nötigenfalls an die Hand nehmen.

Biergarten mit kleinem Spielplatz vor dem Landhotel Koller in Ringelai.

Nach gut 30 Gehminuten verlaufen kurzzeitig zwei Wegvarianten am Fluss entlang – eine direkt am Wasser, die andere leicht erhöht. Ein Stück weiter orientiert sich der Pfad kurz vom Fluss weg bis zu einem überdachten Holzsteg. Dieser führt jedoch nicht über die Wolfsteiner Ohe, sondern über den Reschbach, der sich erst 100 Meter stromabwärts mit dem aus Freyung kommenden Saußbach zur Ohe vereinigt. Dieser Zusammenfluss heißt Scher und bildet zusammen mit den Rastbänken am Reschbachsteg einen geeigneten Wendepunkt.

Den Rückweg von der Scher zum Carbidwerk legen wir auf derselben Strecke zurück. Dabei wandern wir nun mit dem Lauf des Wassers und erleben die Schlucht aus einer neuen Perspektive. Übrigens: Im Carbidwerk wird zwar schon lange kein Brennstoff für Gaslampen mehr produziert, jedoch bis heute Strom sowie künstliche Edelsteine.

25 Knusper, knusper, knäuschen

Der kleine Märchenwald bei Bischofsreut am Haidel

Durch einen Schwammerling betreten Freunde volkstümlicher Geschichten den Märchenwald, in dem vor allem Szenen der Gebrüder Grimm Freude bereiten.

Unter schattigem Nadeldach begegnen uns Rotkäppchen, Schneewittchen oder Hänsel und Gretel, wobei heutzutage Eltern die altdeutschen Klassiker besser kennen als es ihre Kinder tun. In spätestens einer halben Stunde hat man alles gesehen. Überschüssige Kräfte bauen die Kleinen nebenan auf dem Spielplatz ab.

Wer das Märchen errät, hat drei Wünsche frei.

- **Anfahrt:** Grenznahe Landstraße Haidmühle–Philippsreut, in Bischofsreut ausgeschildert
- **Öffnungszeiten:** Mitte Mai bis Anfang Oktober
- **Altersempfehlung:** Ab 2 Jahren
- **Information:** Touristinformation, Schulstr. 39, 94145 Haidmühle, Tel. 08556/19433, www.haidmuehle.de
- **Einkehr:** Gasthaus zum Matthiasl in Bischofsreut, Gasthof Strohmaier in Haidmühle

Tipp

Schwindelfreie, die 159 Treppen meistern, genießen vom Aussichtsturm auf dem 1167 Meter hohen **Haidel** den Blick in die Ferne. Überragt wird die 30 Meter hohe Plattform vom Sendeturm. Der einfach knapp zwei Kilometer lange Anmarsch über Forststraßen beginnt sommers wie winters im verlassenen Dorf Leopoldsreut beim Wanderparkplatz vor der Kirche; Anfahrt über Bischofsreut.

Wandern mit Grenzerfahrung

26

Rund um den granitenen Dreisesselberg

Viele Wege führen in eines der 100 schönsten Geotope Bayerns. Von der Dreisesselstraße aus lassen sich der Hochstein einfach und das Dreiländereck mit Ausdauer erreichen.

Einen für Familien geeigneten Einstieg in das Wandergebiet am Dreiländereck von Deutschland, Österreich und Tschechischer Republik bietet der Dreisesselberg-Parkplatz (1,50 Euro) am oberen Ende der Bergstraße.

Kleine Wanderung zum Hochstein (3 km)

Vom Parkplatz führt eine gesperrte, asphaltierte Straße, die im Winter geräumt wird, in 20 Gehminuten zum Berggasthof. Das letzte Stück nach der Spitzkehre steigt steil an. Wer will,

Der Berggasthof lädt zur Einkehr ein.

- **Anfahrt:** Von Norden über Philippsreut, von Süden über Neureichenau, jeweils bei Frauenberg abbiegen und hoch zum Wanderparkplatz Dreisessel am oberen Ende der Bergstraße
- **Markierung:** Richtungspfeile
- **Tourencharakter:** Zum Hochstein einfach, zum/vom Dreiländereck anspruchsvoll
- **Höhenmeter:** 100 m (Hochstein) bzw. 250 m (Dreiländereck)
- **Altersempfehlung:** Weg zum Hochstein ab 3 Jahren, große Runde ab 9 Jahren
- **Information:** Tourismusbüro, Dreisesselstr. 8, 94089 Neureichenau, Tel. 08583/ 96 01 20, www.neureichenau.de
- **Einkehr:** Berggasthof Dreisessel

wechselt in diesem Abschnitt auf den etwa parallel zur Straße verlaufenden Wanderpfad, der an der deutsch-tschechischen Grenze entlangführt.

Neben dem Berggasthof erklimmen Gipfelstürmer auf in Stein gehauenen Treppen den Dreisesselfels mit seinen drei Steinsitzen. Den 1312 Meter hohen Felsturm suchen einer Sage nach in der Dreikönigsnacht drei verwunschene Prinzessinnen heim. Wer hochsteigt, sollte kleine Kinder unbedingt an der Hand nehmen. Dasselbe gilt für den 15 Gehminuten in Richtung Norden gelegenen Hochstein, der auf breitem, geschottertem sowie im Winter gewalztem Weg einfach zu erreichen ist. Die mit einem Holzkreuz geschmückte Spitze überragt den Dreisesselfels um 21 Meter und bietet einen fantastischen Rundblick. Auf der selben Strecke geht es flott zurück, dabei sollte niemandem die Puste ausgehen.

Große Runde zum Dreiländereck (7,5 km; 3–4 Std. Gehzeit)

Wer weiter wandern will, orientiert sich bereits zu Beginn der langgezogenen Spitzkehre an den Pfeilen zum Adalbert-Stifter-Steig und biegt nach rechts ab. 100 Meter weiter liegt links der eigentliche Einstieg in den nach dem Böhmerwald-Dichter benannten Steig. Der teils sehr steinige Pfad verläuft gut 50 Höhenmeter unterhalb des Hauptkamms in etwa der Höhenlinie entlang in Richtung Steinernes Meer, das nach gut einer Stunde erreicht wird. Wie drei Stein gewordene Wellen wirken die Zungen des von Flechten überzogenen Blockstroms. Dazwischen wachsen Latschenkiefern neben abgestorbenen Fichten. Am anderen Ende des eiszeitlichen Steinmeers führt der Seesteig hinauf zum Dreiländereck auf 1320 Meter Höhe. Den auch Dreiecksmark genannten Grenzpunkt ziert ein Granit-Obelisk mit den Wappen der angrenzenden

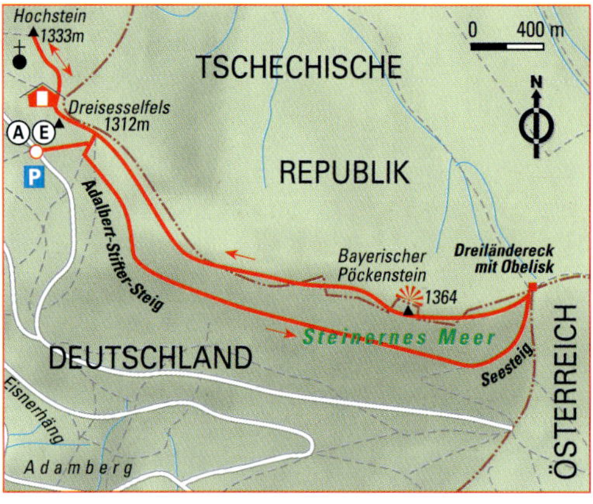

Der Adalbert-Stifter-Steig führt direkt durch das Steinerne Meer.

Länder. Bänke laden zur Rast ein auf dem von Heidelbeersträuchern und Baumskeletten dominierten Sattel. Wo sich der Borkenkäfer nimmersatt seinen Weg fraß, freuen sich positiv Denkende über den Eigensinn der Natur und die Fernsicht.

Der Rückweg führt uns auf dem Hochkamm direkt an der deutsch-tschechischen Grenze entlang über den Bayerischen Plöckenstein nach Westen. In Richtung Dreisesselberg begegnet uns typisch geschichteter Granit. Nach der letzten der vielen kleinen Senken entscheiden wir uns zwischen einem Wanderpfad und der Asphaltstraße hoch zum Berggasthof samt Sonnenterrasse. Wer Kraft übrig hat, besucht den Hochstein (siehe kleine Wanderung), bevor es zurück zum Parkplatz geht.

Tipp

Auf der Bergstraße zum Wanderparkplatz kommen Autofahrer an einem ehemaligen Triftspeicher, der idyllisch gelegenen **Kreuzbachklause**, vorbei. Wer dem Kreuzbach entlang dem Wanderpfad Nr. 5 sanft talwärts folgt, erreicht in wenigen Minuten verspielte **Wasserfälle** in Miniaturform, in denen ein wenig geplanscht werden kann.

27 Schwungvoller Spaziergang

Spielend wandern auf dem Schaukelweg bei Breitenberg

Mittels 18 Schaukel-Stationen geht es auf der gut fünf Kilometer langen, teils hügeligen Strecke zwischen Wiesen und Feldern auf und ab, hin und her und rundherum.

Der beschauliche Schaukelweg verläuft auf ruhigen, geteerten Nebenstraßen und Feldwegen. Besonders gut eignet sich diese Strecke deshalb für Familien, bei denen die Großen gerne schaukeln und das Geschwisterchen noch im Kinderwagen liegt. Neben der Wippe oder dem Schaukelelefanten pausieren Mama und Papa auf einer Bank.

Der Einstieg erfolgt seit 2011 beim Kinder-Spielpark an der Blutwurz Hütt'n mit fetziger Hängematte. Vom Nordischen Zentrum aus geht es nach 200 Metern links in den Jägersteig, um

■ **Anfahrt:** In Jägerbild (liegt zwischen Sonnen und Breitenberg) zum Nordischen Zentrum abbiegen

■ **Altersempfehlung:** Ab 1,5 Jahren

■ **Information:** Gemeinde Breitenberg, Rathausplatz 3, 94139 Breitenberg, Tel. 08584/96 18 16, www.breitenberg.de

■ **Einkehr:** Blutwurz Hütt'n am Nordischen Zentrum Jägerbild (Do–So ab 10 Uhr), Jagdhof Breitenberg nahe Rathaus, Gidibauer Hof in Hauzenberg (Grub 7, Mo geschlossen)

Beim Schaukeln lacht das Kinderherz.

Eine von 18 Stationen auf dem Schaukelweg: Wippe in freier Natur.

den ausgeschilderten Schaukelweg im Uhrzeigersinn zu meistern. Nach der Wippe führt die Straße ein Stück steil bergab, Kinderwagen hier gut festhalten! Später, neben dem Granitwerk, ist der höchste Punkt des Rundwegs, auf dem sich Familien insgesamt locker mindestens zwei Stunden lang vergnügen, erreicht. In überschaubarer Distanz grüßt das österreichische Mühlviertel sowie auf deutscher Seite das Wandergebiet Dreisesselberg. Übrigens: Der drei Kilometer lange Granitweg kürzt den Schaukelweg ab und führt an einem aufgelassenen Steinbruch vorbei.

Tipp
Dem mehrfachen deutschen Skisprungmeister Severin Freund können Neugierige keine drei Kilometer nördlich von Jägerbild in **Rastbüchl** bisweilen beim Training zusehen – im Sommer auf Matten, im Winter auf Schnee.

28 Alm am rauschenden Bach

Ein vielseitiger Rundweg durch die Saußbachklamm

Vom Ortsrand der hübschen Kleinstadt Waldkirchen führt unser Wanderweg an einem Kanal entlang in die rauschende Klamm. Die ganze Runde beansprucht gut zwei Stunden Gehzeit.

Die wilde Saußbachklamm mit der Haller Alm.

Vom Parkplatz am Karoli Badepark spazieren wir auf der Straße 200 Meter stadtauswärts und biegen vor den Tennisplätzen nach rechts, dem Pfeil »Abkürzung zur Saußbachklamm« folgend. Nach einem weiteren Rechtsschwenk geht es an einem Ziegengehege vorbei geradewegs hinab bis zum alten Marktbach, einem Wasserkanal, den wir in einem Fichtenhain auf verstecktem Steg queren. Sogleich marschieren wir nach

■ **Anfahrt:** Sternförmige Zubringerstraßen, unter anderem ab B 12 von Freyung; in Waldkirchen südlich des Marktplatzes ab Rathaus den Schildern zum Karoli Badepark folgen

■ **Markierung:** Grüne Richtungspfeile (nicht durchgängig, deshalb bitte Beschreibung gut beachten) sowie teils Weg Nr. 1 gegen den Uhrzeigersinn

■ **Tourencharakter:** Meist breite Wanderwege und -pfade zum und im Naturschutzgebiet, Rückmarsch teils durch Siedlung auf Asphalt

■ **Höhenmeter:** 130 m

■ **Altersempfehlung:** Ab 4 Jahren

■ **Information:** Tourismusbüro, Ringmauerstr. 14, 94065 Waldkirchen, Tel. 08581/194 33, www.waldkirchen.de

■ **Einkehr:** Haller Alm in der Klamm (Mai bis September sowie Oktober bei Wanderwetter), Gasthof Lamperstorfer oder Gasthaus Meindl am Marktplatz Waldkirchen

An der Erlau finden Familien hübsche Plätze für eine kleine Rast.

links sowie gegen den Strom direkt an der rechten Seite des Kanals den herrlichen Pfad entlang – und zwar bis zu dessen Ende am großen Stauwehr (vorherige Pfeile zur Haller Alm lassen wir rechts liegen).

Beim Wehr überqueren wir Kanal und Erlau und folgen nun dem Pfeil zur Haller Alm hinein in den schönsten Teil der Klamm. Im Schatten des ufernahen Schlucht- und Auwaldes umspült das Wildwasser moosbewachsene Granitblöcke. Wie ein kleines Hexenhäuschen taucht die Haller Alm auf. Über einen langen Holzsteg erreichen wir die märchenhaft gelegene Brot-

Tipp

Im **Kletterwald** kraxeln ab 1,10 m große Kinder und Eltern mit Hilfe von Trainern durch unterschiedlich schwere Parcours, Tel. 08581/98 90 10, www.kletterwald-waldkirchen.de. Wer es weniger dramatisch mag, bevorzugt den Spielplatz im **Stadtpark** östlich des Zentrums oder den Rutschhügel am **Erlauzwieseler See** (Kurpark mit Badeplatz) vier Kilometer östlich von Waldkirchen.

Tipp
Wer weniger Zeit oder Ausdauer mitbringt, parkt besser bei der Saußmühle und marschiert von dort durch die Klamm zur Haller Alm.

zeitstation im Herzen des Naturschutzgebiets, in der Einheimische gerne geräucherte Forelle bestellen.

Die Erlau hat zwei Gesichter. Nach der Schneeschmelze oder wenn es heftig regnet kommt das Gewässer als reißender Wildbach daher. Ansonsten plätschert der Bach eher gemütlich durch den Saußwald, der dieser Schlucht ihren Namen gab.

Nach der Alm geht's über die Brücke zurück, dann folgen wir rechts dem Pfeil zur Saußmühle. Die nächste, zweite Holzbrücke lassen wir rechts sowie den Karlsbrunnen links liegen. Erst die dritte Holzbrücke queren wir (kein Pfeil). Auf Höhe der Fischweiher geht der Pfad in einen Feldweg über,

Freundliche Ziege im Gehege beim Tennisplatz nahe Start und Ziel.

vom Rande der Klamm grüßt die Saußmühle.

Vor der Staatsstraße orientieren wir uns rechts hoch und erreichen am Erlenhain bebautes Gebiet – um die Runde zu vollenden, ist diese Passage leider unumgänglich. Auf dem Bürgersteig wird das Seniorenheim passiert, gut 100 Meter hinter dem Mitterweg führt der Graben halb rechts hoch zur Grabenkapelle. Dort scharf rechts halten, beim Haus Nr. 58b verlassen wir wieder die Siedlung. In Pfeilrichtung Kurpark trifft die Kiesstraße auf den uns bekannten Kanal. Bei der linksseitigen Gabelung folgen wir sogleich dem Weg halb links hinauf sowie zurück zum Karoli Badepark (Pfeil).

Die urige, bewirtschaftete Haller Alm.

Wer will, unternimmt noch einen Abstecher um den »Kristall zwischen Himmel und Erde« herum durch die Lindenallee zur Karolikapelle. Vom Aussichtspunkt dahinter stechen (von links) Großer Rachel (1453 m) und Lusen (1373 m) hervor. Anschließend wieder bergab führt noch vor dem gläsernen Kunstwerk rechts am Waldrand die Fitness-Route die letzten Meter zum Parkplatz und zum Eingang zum Karoli Badepark (siehe Ausflug 65).

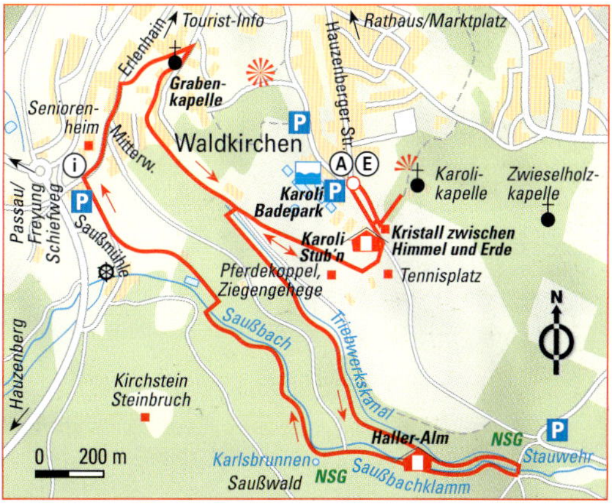

29 Zu Gast bei Hunting Wolf

Die ostbayerische Westernstadt Pullman City

Der Wilde Westen fängt gleich hinter Eging an. Wer die dortige Westernstadt besucht, erlebt, wie Nordamerika vor nicht einmal 150 Jahren wirklich war.

■ **Anfahrt:** Über die A 3, Ausfahrt Vilshofen, oder über die B 85

■ **Öffnungszeiten:** Mitte April bis Oktober 10–1 Uhr, November und Dezember teils am Wochenende deutsch-amerikanischer Weihnachtsmarkt

■ **Preise:** Erwachsene 13 Euro, 5–16 Jahre 7 Euro, Familien 29 Euro (jeweils inkl. Eisenbahn, Rodeoreiten und Tagesshows – Sonderauftritte, Pferderitte usw. kosten extra), ab 18 Uhr Eintritt frei, Veranstaltungen unterschiedlich

■ **Altersempfehlung:** Ab 3 Jahren

■ **Information:** Pullman City, Ruberting 30, 94535 Eging am See, Tel. 08544/974 90, www.pullmancity.de; Tourist-Info, Prof.-Reiter-Str. 2, Tel. 08544/96 12 14, www.eging.de

■ **Einkehr:** Saloon, Music Hall, Steakhouse, Scarlett's, Cantina Mexicana, Seehof (am See), Kurcafé (Therme)

Ein wechselndes Programm veranschaulicht das Leben von Cowboys und Indianern. Bei der American-History-Show trampelt eine Herde Bisons durch die City. Der Hufschmied beschlägt

Früh übt sich, wer ein Cowboy werden will.

Tipp

Nördlich des Marktfleckens eignet sich der **Eginger See** bei Rohrbach bestens für Familien, da das Ufer am Sandstrand flach abfällt und eine Wellenrutsche Badespaß bringt. Ein Baum-Xylophon und 19 weitere Stationen gehören zum 3,5 Kilometer langen Wald-Themenweg, der um den See herumführt. Das Strandbad ist während der Badesaison von 9–18.30 Uhr geöffnet, Erwachsene 2 Euro, 4–14 Jahre 1 Euro. Im Winter bereiten Eissport oder ein Bad nebenan in der Sonnen-Therme Freude (siehe Ausflug 64).

Ein Indianer kennt keine Furcht – Cheyenne-Halbblut Hunting Wolf.

Pferde wie anno dazumal, das Cheyenne-Halbblut Hunting Wolf vermittelt indianische Traditionen, wozu natürlich Tänze gehören. Nachdem Mama und Papa in der Main Street Westernmusik lauschen, erobern die Kids Little Pullmancity. Dieser erst 2011 eröffnete Abenteuerspielplatz mit Postkutsche samt Holzpferden, Netzbrücke und Kletter-Tipi ist genau nach dem Geschmack von kleinen Cowgirls und Cowboys. Oder wie wäre es mit einer Kutschfahrt für die ganze Familie, einer Runde auf dem Pony für die Kleinen oder einem richtigen Ausritt (für Geübte)?

Vergebens wird man auf wilde Ballereien warten. Vielmehr zielen die Betreiber darauf ab, Natur und Kultur möglichst in Einklang zu bringen. Schneller als man denkt vergeht im 30 Fußballfelder großen Westernpark zwischen Saloon und Farm ein ganzer Tag. Aber das macht nichts, denn echte Western-Fans genießen abends die prickelnde Atmosphäre am Lagerfeuer oder bleiben über Nacht in einem Tipi, Blockhaus oder dem Hotel. Howgh!

30 Draußen in Passau

Die Perle Niederbayerns mit dem Schiff und zu Fuß erkunden

Ein Besuch der hübschen Dreiflüssestadt lohnt bei jedem Wetter. Bleibende Eindrücke vermitteln Schifffahrten sowie ein Spaziergang am Kai und durch Gässchen.

Die Dreiflüssestadt aus der Vogelperspektive.

Von der Schanzlbrücke gehen wir am Donaukai (Fritz-Schäffer-Promenade) entlang donauabwärts und erreichen so den Rathausplatz. Am Turm des Alten Rathauses dokumentieren Marken schlimme Hochwasser. Am Donaukai starten von Liegestelle 7 und 8 (Nebensaison Liegestelle 11) Schiffe zu einer 45-minütigen Dreiflüssefahrt auf Donau und Inn. Wer Sitzfleisch mitbringt, kann längere Touren, zum Beispiel mit dem Swarovski-Kristallschiff, unternehmen.

■ **Anfahrt:** Über die A 3, B 12, B 85 oder B 388 bis Passau, Parkplätze und -garagen z.B. bei der Schanzlbrücke am Donauufer (von der A 3 über Ausfahrt Passau Mitte am einfachsten zu erreichen); Bahn: Bahnhof Passau (300 m westlich der Fußgängerzone)
Schiffsverkehr: Hauptsaison von 10–17 Uhr alle 30 Min. ab Liegestelle 7/8, Nebensaison von 11–15 Uhr zur vollen Stunde ab Liegestelle 11, Nov./Dez. nur Sa/So im Advent und 26. bis 31. Dez., Jan./Feb. geschlossen

■ **Preise:** Dreiflüssefahrt Erwachsene 8,70 Euro, 6–13 Jahre 4,35 Euro

■ **Altersempfehlung:** Ab 2 Jahren

■ **Information:** Donauschiffahrt Wurm + Köck, Höllgasse 26, 94032 Passau, Tel. 0851/92 92 92, www.donauschiffahrt.de; Passau Tourismus, Rathausplatz 3 oder Bahnhofstraße 36, Tel. 0851/95 59 80, www.passau.de/tourismus

■ **Einkehr:** Bordbistro, Heilig-Geist-Stiftschenke (Fußgängerzone, Mi geschlossen), Café Diwan (9. Etage im Stadtturm mit toller Aussicht), Altstadt-Eisdielen

Wer die Stadt zu Fuß erkunden will, geht vom Rathausplatz auf dem Kai über den Römerplatz flussabwärts in Richtung Landzunge, wo moorschwarze Ilz, braun-blaue Donau und olivgrüner Inn zusammenströmen. Kinder freuen sich über den betriebsamen Spielplatz am Dreiflüsseeck. Die Innkai-Uferpromenade führt zum rund 750 Jahre alten Schaiblingsturm. Ein Stückchen dahinter biegt man einem Pfeil folgend rechts in Richtung Dom ab. Oben geht's links durch die Schustergasse auf den Residenzplatz. Die Rückseite des ansonsten barocken Doms zeigt gotische Elemente. Alternative: Wer am Innkai weitermarschiert, erreicht hinter der Brücke einen großen Spielplatz.

Schiff, Rathausplatz, St. Stephan.

Über Domplatz, Luragogasse und Steinweg führt der Rindermarkt zur Ludwigstraße, dem Herzen der alten Fußgängerzone. Südlich des Ludwigsplatzes steht Passaus Neue Mitte mit dem 38 Meter hohen Stadtturm. Die Parkplätze an der Schanzlbrücke erreichen Autofahrer ab Ludwigsstraße über die Brunngasse.

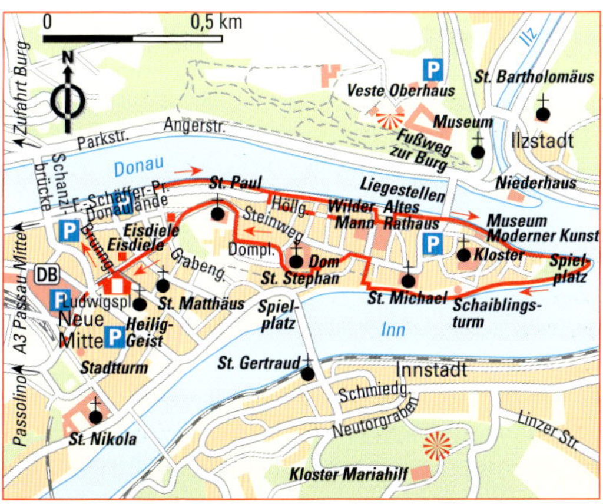

Tipp

Wer sich für die wasserwirtschaftliche Nutzung der Donau interessiert, besucht das wellenförmige **Haus am Strom** in Jochenstein hinter Obernzell, von Passau 25 km donauabwärts mit dem Schiff oder Auto zu erreichen. Öffnungszeiten: Anfang April bis Mitte September 9–18 Uhr, Mitte September bis Anfang Januar 10–17 Uhr (Mo geschlossen), Anfang Januar bis März 10–16 Uhr (Mo/Di/Mi geschlossen), Tel. 08591/ 91 28 90, www.hausamstrom.de.

31 Schiff ahoi am Inn

Auf dem grünen Grenzfluss von Schärding stromabwärts

Zwei Motorschiffe von Kapitän Schaurecker schippern von der oberösterreichischen Barockstadt Schärding durch das wildromantische untere Inntal und zurück.

Dem Kloster Neuhaus gegenüber liegt das schmucke Schärding, das einst durch Salz- und Holzhandel zu Reichtum kam. Flößer gehören der Vergangenheit an, heute steuern Ausflügler mit der MS Schärding oder der MS Gerda Burg Wernstein, Neuburg sowie das Inglinger Kraftwerk vor Passau an. Dabei kommen sie an der Biberinsel und markanten Felsen vorbei. Wo sich nach dem Kloster Vornbach der olivgrüne Alpenfluss von 350 auf 60 Meter verengt, entsteht eine Stromschnelle mit kleinen Strudeln.

MS Gerda bei Neuburg am Inn.

Tipp

20 km flussaufwärts zeigt die **Falknerei** in Obernberg Greifvögel im Sturzflug. Flugvorführung von April bis Oktober um 15 Uhr (Einlass 14 Uhr), Mo geschlossen, Parkplätze am Marktplatz, Erwachsene 5 Euro, 6–16 Jahre 2,50 Euro, Tel. 0043/7758/301 97, www.falknerei-burg-obernberg.de.

- **Anfahrt:** Über die A 3, Ausfahrt Pocking, und/oder die B 12 zum Grenzübergang Neuhaus; Parken an der Ablegestelle (oft beengt!) oder stadtauswärts
- **Schiffsverkehr:** Außer bei Niedrig-/Hochwasser April bis Oktober So 11 Uhr und Di–So 14 Uhr bis Ingling und zurück (gut 2 Std.); Mitte April bis Ende September Di–So 16 Uhr bis Neuburg/Wernstein und zurück (1 Std. 30 Min.), Reservierung empfohlen
- **Preise:** Erwachsene 11 bzw. 8 Euro, 6–14 Jahre 5/4 Euro, Familien mit Kind 25/18 Euro oder 28/20 Euro (ab 2 Kindern)
- **Altersempfehlung:** Ab 3 Jahren
- **Information:** Innschifffahrt, Kaiserweg 1, A-4780 Schärding, Tel. 0043/7712/73 50, www.innschifffahrt.at
- **Einkehr:** Bordküche, Wirtshaus zur Bums'n am Stadtplatz Schärding

Flatternde Freunde 32

Ein Rundgang durch den Vogelpark Irgenöd

Mit über 150 Arten zeigen die Volieren und Gehege im niederbayerischen Hügelland eine der größten Gefiederschauen in ganz Süddeutschland.

Wenn der Lachende Hans seinem Namen alle Ehre macht, dann biegen sich die Balken. Zusammen mit dem schrägen Australier leben rund 800 Vögel aller Kontinente in Irgenöd – vom Storch aus Europa und dem Pfau aus Asien über den afrikanischen Marabu bis zum amerikanischen Weißkopfseeadler, dem Wappenvogel der USA. Auf dem Rundweg durch die zehn Fußballplätze große Park- und Waldlandschaft gibt es zudem Urwelt-Mammutbäume aus China und Amerika zu bestaunen. Zu den gefiederten Lieblingen der Kids zählen Strauß, Flamingo und Storch, auch die zwölf Meter lange Rutsche gefällt. Um dem Nachwuchs mehr als Vögel zu bieten, beherbergt der Park exotische Säugetiere wie Affen, Kamele, Mini-Ponys und Kängurus. Übrigens: Der Vogelpark wird ebenso wie der Wildpark Ortenburg (siehe Ausflug 33) von der tierfreundlichen Familie Schobesberger betrieben.

Eine der Höhepunkte: der Weißkopfseeadler.

- **Anfahrt:** Über die Staatsstraße Vilshofen–Bad Griesbach oder über Fürstenzell (A 3, Ausfahrt Passau Süd)
- **Öffnungszeiten:** April bis 1. November 9–19 Uhr (Einlass bis 18 Uhr)
- **Preise:** Erwachsene 5 Euro, 3–12 Jahre 3 Euro; Kombitickets mit Wildpark Ortenburg 8/4 Euro
- **Altersempfehlung:** Ab 2 Jahren
- **Information:** Vogelpark, Irgenöd 3, 94496 Ortenburg, Tel. 08542/71 30, www.vogelpark-irgenoed.de
- **Einkehr:** Kleine Gastwirtschaft auf dem Gelände

33 Nicht nur Schwein gehabt

Heimische und exotische Säugetiere im Wildpark Ortenburg

Knapp 30 Arten begegnen Jung und Alt auf dem etwa 35 Fußballplätze großen und hügeligem Freigelände im ehemaligen Schlosspark von Ortenburg.

Gleich hinter dem Eingang geht es hinein ins Streichelgehege. Wer den Hunger zutraulicher Hirsche oder Schafe stillen will, füttert zunächst den Automaten mit 50-Cent-Stücken. In rund eineinhalb Stunden schlendern Familien gemütlich durch den großenteils bewaldeten Park. Auf dem teils hügeligen Rundweg begegnen uns Heidschnucken, Luchse oder Steinböcke. Neben diesen heimischen Arten treffen wir Exoten wie Präriehunde aus Amerika oder Mähnenspringer aus Afrika. Da die asiatischen Hängebauchschweine das ganze Jahr über für Nachwuchs sorgen, geht es in ihrem Gehege zur Freude der Besucher zu wie in einem richtigen Sauhaufen.

Ziegen mögen Besuch.

- **Anfahrt:** Über die Staatsstraße Vilshofen–Bad Griesbach oder über Fürstenzell (A 3, Ausfahrt Passau Süd)
- **Öffnungszeiten:** April bis 1. November 9–19 Uhr (Einlass bis 18 Uhr); im Winter bei geeignetem Wetter So 12–16 Uhr
- **Preise:** Erwachsene 5 Euro, 3–12 Jahre 3 Euro; Kombitickets mit Vogelpark Irgenöd 8 bzw. 4 Euro
- **Altersempfehlung:** Ab 2 Jahren
- **Information:** Wildpark Schloss Ortenburg, 94496 Ortenburg, Tel. 08542/71 71, www.wildpark-ortenburg.de
- **Einkehr:** Futterhäusl (Kiosk hinter dem Eingang), Schlosswirt, Schlosskeller

Tipp

Mit größeren Kids lohnt ein Abstecher ins **Schlossmuseum** neben dem Wildpark. 14 Räume veranschaulichen, wie das Leben früher war. Zu bestaunen gibt es Werkstätten, Folterkammer und eine Renaissance-Holzdecke. Geöffnet Di–So 10–17 Uhr, Erwachsene 3 Euro, 14–18 Jahre 2 Euro, 6–14 Jahre 1 Euro, www.schloss-ortenburg.de.

Generation Golf am Ball 34

Der Chervò Junior Golf Course in Bad Griesbach

Auf dem Chervò Junior Golf Course mit sechs Par-3-Löchern spielen und trainieren nur Kids ab sechs Jahren und Teenager.

Den Golfball in einer Badewanne versenken, dessen Flugbahn ein Clown überwacht – im Hartl Resort in Bad Griesbach gibt es so etwas Verrücktes. Kleine Einsteiger nehmen einfach eine geeignete Begleitperson mit oder belegen einen Kurs. Speziell geschulte Pros, also Golflehrer, bringen dem Nachwuchs spielerisch das Golfen bei. Wer schon weiß wo es langgeht und es sich zutraut, dreht ohne Mama und Papa eine Runde. Einfach im Golf-Sekretariat melden, Startzeiten brauchen nicht vorab gebucht werden. Natürlich golfen eine ganze Reihe Eltern ebenfalls auf den Plätzen von Europas Golf Resort Nr. 1, vorausgesetzt wird das aber nicht.

Tipp
Zum Hartl Resort gehört auch der **Abenteuerwald**, ein Spielplatz zwischen Hotel Ludwig und Minigolfanlage, der nicht nur Kindern von Hausgästen offensteht.

Früh übt sich, wer ein Golfmeister werden will.

- **Anfahrt:** Über die B 388 oder auf der Staatsstraße über Vilshofen oder Fürstenzell
- **Öffnungszeiten:** März bis Oktober
- **Preise:** Kind inkl. Begleitperson 10 Euro; Anfängerkurs 320 Euro (Mo–Fr 9–15 Uhr, vor allem in den Ferien)
- **Altersempfehlung:** Ab 6 Jahren
- **Information:** Golfsekretariat Brunnwies am Parkplatz, Tel. 08535/960 10, www.hartl.de
- **Einkehr:** Gutshof Brunnwies

35 Über den Inn und am Inn entlang

Ins Europareservat am grünen Fluss und auf den Schellenberg

Vögel beobachten, auf dem Damm spazieren und ein Wehr queren – das alles geht im Europareservat Unterer Inn. Daneben wird die höchste Kuppe zwischen Donau und Inn locker erwandert.

Wo die Salzach in den Inn mündet beginnt Niederbayern sowie das Europareservat Unterer Inn. Das 5500 Hektar große Natur- und Vogelschutzgebiet reicht 55 Kilometer weit flussabwärts, bis sich bei Schärding Inn und Rott vereinen. Wer zwischen Ering und Prienbach in Richtung Innauen abbiegt, erreicht westlich vom Weiler Grießer den Aussichtsturm Egglsee – das ideale Ziel, um Vögel zu beobachten (Fernglas nicht vergessen!).

Im Sommer zeigen sich gerne Kiebitz oder Brachvogel, im Winter Silberreiher oder Kormoran. Und mit Glück erspähen Vogelfreunde sogar rosafarbene Chile-Flamingos, die vor Jahren aus einem Zoo ausgebüchst sein dürften und jetzt zwischen Chiemgau und Innauen pendeln. Wie vielerorts im Europareservat, verläuft ein Fuß-/Radweg am Inndamm entlang.

- **Anfahrt:** Zum Inn über die B 12; zum Schellenberg auf der Staatsstraße bis Kirchberg (siehe auch Fließtext)
- **Öffnungszeiten:** Infozentrum Mitte März bis Mitte Oktober Mo–Sa 10–12 und 14–17 Uhr, So 13–17 Uhr
- **Altersempfehlung:** Ab 3 Jahren
- **Information:** Infozentrum Ering, Tel. 08573/13 60, www.europareservat.de; Schellenberghaus Tel. 0151/19 49 19 63, www.schellenberghaus.de
- **Einkehr:** Gasthaus Burg Frauenstein (Mai bis September ab 10.30 Uhr sowie April/Oktober bei schönem Wetter), Gasthaus zur Post (an der B 12 in Prienbach, Mo nur abends), Schellenberghaus (ganzjährig Sa/So/Feiertag von 12 Uhr bis zum Einbruch der Dunkelheit)

Das Europareservat lädt zum Erkunden ein.

Vom Aussichtsturm drei Kilometer innabwärts in Ering gibt es im Infocenter ausgestopfte Tiere zu bestaunen. Reizvoller finden viele den Marsch über das Laufwasserkraftwerk, denn auf österreichischer Seite lockt Burg Frauenstein, heute ein Gasthaus mit Biergarten.

Alternativer Rückweg: Ab Infocenter trifft der breite Naturerlebnisweg durch den Auwald auf halber Strecke zum Aussichtsturm auf den Dammweg.

Auf den Schellenberg

Die höchste Erhebung in Niederbayern südlich der Donau ist der Schellenberg bei Simbach am Inn. Zwar misst die bewaldete Kuppe nur 549 Meter, doch wenn an ihrem sanften Südhang das Schellenberghaus seine Pforten öffnet, fühlt man sich wie in einer Almhütte. Von der Terrasse des im Wald versteckten Hauses reicht der Blick weit über den Inn nach Österreich. Bei Föhn sieht man sogar die Alpen. Eine Panoramakarte in der nur am Wochenende geöffneten Hütte verrät, welche Gipfel aus der Ferne grüßen.

Anfahrt und Anmarsch: Im Norden von Simbach beim Kreisverkehr nach Kirchberg abbiegen, dort beim Ortsschild rechts hoch und bei der Kirche parken. In maximal 30 Minuten ist auf breitem Forstweg das Schellenberghaus erreicht. Wer weiterwandern will, peilt die Waldkapelle oder den Aussichtshügel mit Pilz (bei Druck des Buches war der Ausblick zugewachsen) an – oder marschiert bereits am Simbacher Freibad los, wo der Kapellenweg (Nr. 1) und die Schellenbergrunde (Nr. 2) mit einer Gesamtlänge von jeweils sieben Kilometern an der Hütte vorbeiführen.

Tipp

Zum Baden bietet sich im Sommer der sogenannte **Lago** an, ein Waldsee bei Kirchdorf. Anfahrt über die B 12 bis Simbach-West, dort östlich der Bundesstraße in die Waldseestraße abbiegen und dieser 1,5 km folgen.

36 Vom Papsthaus zur Dachlwand

Nach Marktl sowie durch die Innleite nach Leonberg

Neugierige und Gläubige besuchen kurz hinter der Grenze zu Oberbayern das Papsthaus – oder wandern durch die Innleite zu einem idyllisch gelegenen Biergarten.

In Marktl am Inn steht Besuchern das Haus offen, im dem am 16. April 1927 der spätere Papst Benedikt XVI. das Licht der Welt erblickte. In den sechs Räumen erklären ein Film sowie eine Ausstellung in Wort und Schrift den Lebensweg des kleinen Joseph Aloisius Ratzinger bis zum großen Pontifex Maximus in Rom. Vor der Stätte der Begegnung erinnert die Benediktsäule an den letzten Papstbesuch im Jahre 2006. Die Kirche Sankt Oswald beherbergt das Taufbecken Ratzingers.

- **Anfahrt:** Auf der Staatsstraße über Stammham oder über die A 94/B 12; Innleite von Marktl drei Kilometer flussaufwärts in Richtung Perach
- **Öffnungszeiten:** Papsthaus 16. April oder Ostermontag bis1. November Di–Fr 10–12 und 14–18 Uhr, Sa, So 10–18 Uhr
- **Preise:** Ab 13 Jahren 3,50 Euro, Familien 7 Euro
- **Altersempfehlung:** Haus ab 8 Jahren, Wanderung ab 3 Jahren
- **Information:** Tourismus & Begegnung, Marktplatz 1, 84533 Marktl, Tel. 08678/ 74 88 20, www.marktl.de
- **Einkehr:** Landgasthof Leonberg (Mai bis September täglich ab 17 Uhr, So ab 11 Uhr)

Benedikt XVI. in seinem Geburtsort Marktl.

Blick von der Aussichtskanzel über den braun-grünen Inn.

Durch die Dachlwand zum Biergarten Leonberg

Bei einem Sonntagsausflug durch das Naturschutzgebiet Innleite steigen ortskundige Familien durch die bewaldete Dachlwand. Achtung: Der Einstieg erfolgt bereits 300 Meter vor dem ausgeschilderten Wanderparkplatz bei der kleinen Holzhütte vor dem auf der rechten Straßenseite gelegenen Altwasser – falls möglich, kann man gleich beim Einstieg parken, sonst muss man ein Stück die Straße entlang zurücklaufen. 100 Schritte nach der Wandertafel queren wir das Schotterbett, halblinks geht's bergauf. Es beginnt gleich mit dem steilsten Stück des Weges. Kurz bevor es aus dem Mischwald hinausgeht, gabelt sich der Pfad. Ein Stichweg nach links führt in zwei Minuten zu einer Aussichtskanzel mit herrlichem Blick über den Inn in Richtung Alpen, die bei Föhn mächtig grüßen. Oben angekommen geht es aus dem Forst hinaus sowie links am Bauernhof vorbei auf flacher Strecke über die Kirche Sankt Sebastian zum idyllisch gelegenen Biergarten Leonberg. Für den Hinmarsch brauchen Familien gut eine Stunde.

Tipp

Zwischen Marktl und Innleite lockt in der warmen Jahreszeit auf halber Strecke ein **Badesee** in einem Altwasser des olivgrünen Gebirgsflusses.

37 Mehr als Freude am Fahren

Schnelle Karts und bunte Spiele in der Erlebniswelt Voglsam

Temporeiche Vergnügen und Geschicklichkeitsspiele kennzeichnen diesen Freizeitpark. Der Eintritt und das Spielen mit einfachen Geräten sind kostenlos, für die Attraktionen wird bezahlt.

- **Anfahrt:** Aus Norden, Osten und Süden von der Staatsstraße Arnstorf–Pfarrkirchen in Richtung Unterzeitlarn abbiegen; aus Westen bei Eggenfelden von der B 20 (Umgehungsstraße) nach Schönau abbiegen; die Erlebniswelt liegt 3 km nördlich von Schönau
- **Öffnungszeiten:** Bei passablem Wetter Ostern bis September 10–18 Uhr, im Oktober am Wochenende
- **Preise:** Eintritt frei; Attraktionen unter anderem: Rodeln Erwachsene 2 Euro, 8–16 Jahre 1,50 Euro, 3–8 Jahre im Zweisitzer frei, günstige Mehrfachkarten; Karts 10 Min. je nach Größe 6–11 Euro
- **Altersempfehlung:** Ab 3 Jahren
- **Information:** Familie Stadler, Voglsam 1, 84337 Schönau, Tel. 08726/210, www.erlebniswelt-voglsam.de
- **Einkehr:** Kiosk auf dem Gelände

Nördlich von Schönau inmitten niederbayerischer Hügel liegt die Erlebniswelt Voglsam. Dort schlängeln sich Rodelschlitten sowie Karts mit Benzinmotor auf jeweils 600 Meter langen Bahnen durchs Gelände. Die Bobkarts der Sommerrodelbahn erreichen Geschwindigkeiten bis zu 30 Stundenkilometer. Zwei Kreisel lassen Fliehkräfte erahnen. Das fehlende Gefälle ersetzt der Starkstrom. In der Metallröhre fühlt man sich wie in einer Rennmaschine auf Schienen. Drei- bis Achtjährige fahren mit Mama oder Papa, die das Tempo wohl dosieren. Auffahrunfälle sind technisch ausgeschlossen, denn bei

Rodelpartie im Sommer.

einem Abstand von unter fünf Metern zum Vordermann bremsen die Bobkarts laut Betreiber ab. Regnet es, darf nicht gerodelt werden.

Unterwegs auf dem Barfuß-Abenteuerweg.

Richtig schneidigen Fahrspaß erleben Motorsportfans fast jeden Alters auf der Kartbahn. Sechs bis neun Jahre alte Fahrer sausen mit Kinderkarts mit zwei Pferdestärken und bis zu 15 Stundenkilometern über die Piste. 5,5 PS Leistung und 30 Stundenkilometer erreichen die für Zehn- bis 15-Jährige gedachten Gefährte. Und mit neun PS und bis zu 60 Stundenkilometern knattern Fahrer ab 16 Jahre über den Rundkurs. Auch wenn Helme kostenlos gestellt werden, sollte man wissen, was man tut.

Ganz andere Qualitäten erfordern Geschicklichkeitsspiele wie die klassische, schön angelegte Minigolfbahn (Familien 8 Euro) oder ein neuartiger, großflächiger Parcours fürs Fußballgolf (Familien 16 Euro). Dazwischen erkunden Groß und Klein den dichten Fichtenwald auf dem Barfuß-Abenteuerweg (Erwachsene 1 Euro, Kinder 0,50 Euro). Ab 2012 soll laut Rupert Stadler, dem Inhaber, ein Klettergarten das Angebot ergänzen.

Adrenalinfördernd wirkt das Bungee-Trampolin (5 Minuten für 3 Euro). Doch auch vorsichtige und kleinere Kinder kommen auf ihre Kosten. So gestaltet sich die Fahrt in Disco-Booten oder in Minicarts (jeweils 1 Euro) vergleichsweise ruhig.

Kostenfrei stehen klassische Spielplatzgeräte wie Rutsche, Schaukel, Trampolin, Hüpfburg oder Tretauto bereit. In Gehegen warten Kaninchen und ein Esel auf Streicheleinheiten, ein mit Münzen gefütterter Automat spendet Ziegen Futter.

Tipp

Im Herzen von Schönau liegt ein verträumtes **Wasserschloss**. Zwar befindet es sich in privater Hand, jedoch steht der im Stil englischer Landschaftsgärten gestaltete Park Besuchern offen. Parken kann man neben der Kirche, der Zugang erfolgt durchs erste Tor hindurch am Schlossgraben entlang.

38 Volksfest nonstop

Ein äußerst reizvoller Tag im Bayern-Park

Auf und nieder, immer wieder. Auf diesem weitläufigen und parkähnlichen Gelände erwartet actionhungrige Familien eine Art weißblaues Disneyland.

Urplötzlich tauchen zwischen grünen Hügeln die Großparkplätze auf. Über den Baumwipfeln ragt der schwarze Freischütz hervor, Deutschlands extremster Launch Coaster, wie die Betreiber diesen Nervenkitzel bei seinem Start im Jahr 2011 vorstellten. Der Zwölfsitzer für Mutige beschleunigt von null auf 80 Stundenkilometer in zwei Sekunden, es folgen zwei Loopings und heftige Schrauben.

Aber ruhig Blut – dieses extreme Gefährt stellt nur das eine, wilde Ende einer bunten Palette von über 80 Attraktionen dar. In dem rund 50 Fußballplätze großen und gepflegten Park kommen die Besucher jeden Alters und Geschmacks auf ihre Kosten. Größenampeln an den Fahrgeschäften verraten, wer die einzelnen Attraktionen alleine, in Begleitung oder noch nicht nutzen darf.

Königssee; links spitzt der Freischütz hervor.

- **Anfahrt:** Von Westen über die A 92, Ausfahrt Dingolfing Ost, von Norden und Süden über die B 20; gut ausgeschildert
- **Öffnungszeiten:** Mitte April bis Anfang Oktober 9 oder 10–17 oder 18 Uhr (Einlass bis zwei Stunden vor Schluss)
- **Preise:** Ab 140 cm 15 Euro, 100–140 cm 12,50 Euro, unter 100 cm frei; ab 60 Jahren 11 Euro
- **Altersempfehlung:** Ab 2–3 Jahren
- **Information:** Bayern-Park Freizeitparadies, Fellbach 1, 94419 Reisbach, Tel. 08734/929 80, www.bayern-park.de
- **Einkehr:** Kioske auf dem Gelände (Selbstbedienung)

Kraxeln und hüpfen auf dem Sprungkissen.

Hinter jeder Ecke gibt es etwas zu entdecken. Die Kleineren fahren mit der Eisenbahn in der Zwergenwelt (ohne Altersbeschränkung) oder reiten auf wippenden Pferden oder Eseln (zwei bis sechsjährige in Begleitung). Größere fahren Kettenkarussell oder freuen sich über den Schmetterlingstanz. Mehr Mut braucht es, in die traditionelle Achterbahn zu steigen oder in der Drachenbahn ordentlich Tempo aufzunehmen. Dasselbe gilt fürs 600 Meter lange Wildwasser-Rafting auf der längsten Bahn dieser Art in Deutschland. Auch auf Burg Fellbach vertreiben sich Jung und Alt gemeinsam die Zeit, denn in der Indoorhalle koexistieren eine 14 Meter hohe Kletterwand, eine Spielburg mit Softballkanonen sowie eine Empore für Kleinkinder bis drei Jahre.

Wer die Brücke zum Königssee überschreitet, betritt ruhigere Gefilde. Im Schatten des Schlosses unternimmt man eine beschauliche Raddampferfahrt oder einen Spaziergang in den Wildpark, um Steinböcke, Berberaffen sowie Luchse zu beobachten. In einem Nadelwald will der Olymp der Tiere erklommen werden, neben dem klassischen Abenteuerspielplatz können sich Kids auf einem riesigen Sprungkissen austoben.

Der Eintrittspreis umfasst die Fahrt mit fast allen Attraktionen, nur die zwei Rodelbahnen (je 1,50 Euro) sowie die kleinen Elektromotorräder (0,50 Euro) kosten leider extra. Wer lästiges Anstehen vermeiden will, kommt am besten wochentags, denn an schönen Wochenenden und Feiertagen herrscht oft viel Trubel.

Tipp

Nach dem Vergnügungspark erfrischt im Sommer das **Freibad Steinberg** mit seiner 70-Meter-Rutsche am beschaulichen Vilstalsee, hinter Reisbach links (10 km); Erwachsene 2,50 Euro, 6–15 Jahre 1,50 Euro, Tel. 08734/ 12 79, www.marklkofen.de.

39 Park im Schatten der Burg

Spaziergang durch den erlebnisreichen Hofgarten Landshut

In der schmucken Hauptstadt Niederbayerns bietet sich für Familien ein Besuch des Hofgartens an. Auf seinem Streifzug entdeckt der Nachwuchs heimische Tiere und einen Abenteuerspielplatz.

Der Hofgarten, die grüne Lunge der historischen Herzogstadt, liegt im Schatten der Burg. Spaziergänger genießen wilde Wiesen, gepflegte Beete, herrliche Ausblicke auf die teils gotische Altstadt und besuchen den kleinen Tiergarten. Über den Gehegezaun hinweg lassen sich zutrauliche Zwergziegen streicheln. Die Damhirsche sind nur wenig scheuer. In Volieren leben heimische Greifvögel wie Uhu und Turmfalke, auch einen Pfau gibt es zu bestaunen. Auf dem Abenteuerspielplatz klettern Kids nach Herzenslust, rutschen vom Turm oder suchen Kinderhäuser, Fuchsbau genannt, heim. Wenn im Winter Schnee liegt, rauschen Schlittenfahrer durch die altehrwürdige, 40 Fußballplätze große Parkanlage.

In der am Rande des Hofgartens gelegenen Burg Trausnitz steht der Innenhof jedem offen. Größere Kinder interessieren sich womöglich für die Kunst- und Wunderkammer, in der man – wie einst die Herzöge – Kunstvolles, Exotisches und Merkwürdiges begutachten kann (April bis Sept. 9–18, Okt. bis März 10–16 Uhr; Erwachsene 5,50 Euro, unter 18 Jahren 4,50 Euro).

Vom Hofgarten führt ein Fußweg hinab in die teils mittelalterliche Altstadt, die der mit 130 Metern höchste Backsteinturm der Welt überragt. Einheimische fiebern alle vier Jahre (2013, 2017, 2021) dem Historienspiel Landshuter Hochzeit entgegen, das die Altstadt drei

- **Anfahrt:** Über die A 92, Parkplätze nahe der Burg Trausnitz; Bahn/Bus: Bahnhof Landshut, Busverkehr in die Altstadt (3 km)
- **Öffnungszeiten:** Hofgarten ab 6 Uhr bis kurz nach Einbruch der Dunkelheit
- **Altersempfehlung:** Ab 2 Jahren
- **Information:** Marketing & Tourismus, Altstadt 315, 84028 Landshut, Tel. 0871/92 20 50, www.landshut.de
- **Einkehr:** Ochsenwirt, Kalcherstr. 30 südlich Hofgarten (Di geschlossen), Ellermühle hinter A 92-Ausfahrt Landshut West, nahe Flugplatz (Spielplatz/Streichelzoo, Mo/Di geschlossen)

Beschaulich: der Ententeich im Landshuter Hofgarten.

Wochen lang von Freitagnachmittag bis Sonntagabend ins Mittelalter zurückversetzt (siehe Kapitel 70).

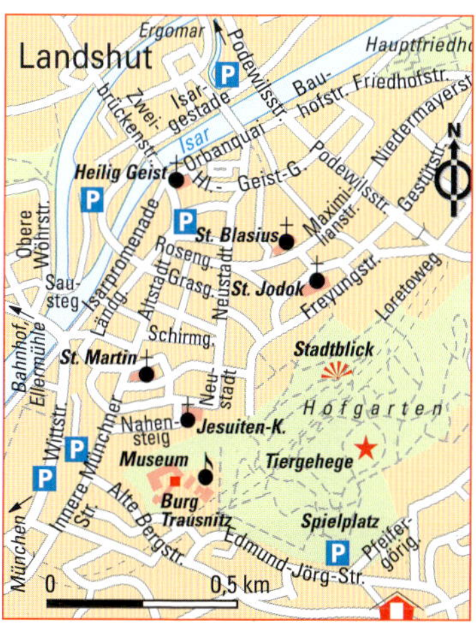

Tipp

Wer auf Geschwindigkeit steht, den zieht das **Karting Paradies Vilsbiburg**, 20 km südöstlich von Landshut, an. Auf der Indoor-/Outdoorbahn drehen mindestens acht Jahre alte und 1,40 Meter große Kids ihre Runden – am besten montags bis 18.30 Uhr, sonst jeweils gleich nach Öffnung. Herzstraße 3, aus Richtung Landshut in Vilsbiburg nach dem Kreisverkehr rechts über die Ohmstraße; geöffnet Mo/Di/ Do/Fr ab 16 Uhr, Sa/So ab 12 Uhr, in den Ferien eine Stunde früher sowie auch mittwochs, Tel. 08741/92 41 17, www.karting-paradies.de.

40 Bunte Federn, weiches Fell

Zu Besuch im Vogel- und Tierpark Abensberg

Südlich von Abensberg lockt ein herrlicher Naturpark Liebhaber heimischer und exotischer Vögel sowie niedlicher Säugetiere an.

Wenn ein Ara aus Südamerika über Sie hinwegflattert, nicht erschrecken – die krächzenden Papageien gehören in dem von Erika Klemisch freundlich geführten Park nämlich zu den Freigängern. In Volieren und Gehegen leben Vögel aus allen Kontinenten, darunter ein weißer Pfau aus Asien oder eine Ohreule aus Afrika. Der Lachende Hans aus Australien macht vor allem in den Morgenstunden seinem Namen alle Ehre.

Neben buntem Gefieder gibt es auch eine Reihe von Säugetieren zu bestaunen, darunter eine Kängurufamilie oder süße Kaninchen. Seit 2010 leben sogar Nasenbären in dem insgesamt vier Fußballfelder großen Vogel- und Tierpark.

- **Anfahrt:** Über A 93, Ausfahrt Abensberg in Richtung Neustadt, über Abfahrt Elsendorf oder Siegenburg in Richtung Abensberg
- **Öffnungszeiten:** Mitte März bis 1. November 9–18 Uhr
- **Preise:** Tage mit Flugschau Erwachsene 5,80 Euro, 5–13 Jahre 3,80 Euro, Tage ohne Flugschau oder ab 16 Uhr 4,80 bzw. 3,20 Euro
- **Altersempfehlung:** Ab 2 Jahren
- **Information:** Vogelpark, Welschenbach 3, 93326 Abensberg, Tel. 09443/71 10, www.vogelpark-abensberg.de
- **Einkehr:** Restaurant mit Spielplatz im Park, Kuchlbauer in Abensberg mit Biergarten, Hundertwasser-Turm und Kinder-Kunst-Haus (Anfahrt über Münchner- und Abensstraße)

Zwei kanadische Uhus mitten in Bayern.

Der Höhepunkt: die Freiflugschau von Falkner Martin Müller.

Wer will, ersteht am Eingang für einen Euro Futter. Über je eines von drei passenden Päckchen freuen sich Pferd, Esel oder Lama, Schaf, Ziege und Kuh oder Ente und Gans. Zwar dürfen Kinder nicht in die Gehege hinein, aber Zwergziegen und Kamerunschafe hüpfen schon mal über ihren Zaun, um kleine und große Gäste zu begrüßen. In einer gemütlichen Stunde lässt sich der Waldpark bestens erkunden. Wenn der Seeadler nicht gerade brütet, krönt der Wappenvogel Deutschlands die faszinierende Greifvogelflugschau.

Greifvogelflugschau

Adler, Falken, Geier, Bussarde und Uhus stürzen sich aus luftiger Höhe faszinierend präzise in die Tiefe und begeistern mit ihren Flugkünsten Groß und Klein. Die Freiflugschau beginnt um 11 und 15 Uhr (mittwochs nur in den bayerischen Ferien) und dauert 35 kurzweilige Minuten.

Tipp

Wer sich von Mai bis September erfrischen will, besucht das **Inselbad in Bad Abbach**, das ohne chemische Zusätze auskommt. Die jungen Bäume des erst 2007 eröffneten Naturerlebnisbades spenden allerdings nicht viel Schatten; Familienkarte 10 Euro. Ebenfalls etwa 20 Autominuten entfernt begeistert im **Freizeit- und Familienbad Mallersdorf-Pfaffenberg** eine 66 Meter lange Rutsche (Erwachsene 2,80 Euro, 14–18 Jahre 1,90 Euro, 6–14 Jahre 1,30 Euro) oder im **Keldorado Kelheim** eine 85 Meter lange Rutsche (s. Ausflug 69).

41 Gefiederte Kunstflieger

Hochgefühle auf dem Falkenhof Schloss Rosenburg

Wer hautnah erleben will, wie sich ein Seeadler majestätisch emporschwingt, darf sich die atemberaubende Flugvorführung über der Altmühlstadt Riedenburg nicht entgehen lassen.

Glücklich gelandet nach Geiersturzflug.

Ein Raunen geht durch die Menge, wenn Geier aus schwindelerregender Höhe in die Tiefe stürzen und atemberaubend knapp über das Publikum hinwegdüsen. Zur gut 30-minütigen, kurzweiligen Flugvorführung treffen sich die Zuschauer innerhalb der Burgmauer und setzen sich auf eine kleine Tribüne oder auf Holzstämme, die um eine Grasfläche herum angeordnet sind. In der Regel führen drei bis vier Falkner durch die Vorführung: Gunter Hafner erklärt, was in luftiger Höhe geschieht, die anderen diri-

- **Anfahrt:** Ab Kelheim an der Altmühl entlang, in Riedenburg über die erste Brücke sowie über die Burgstraße, Parkplatz am Fuße der Burg, 10 Gehminuten entfernt; Schiff: Ende April bis Oktober, Anlegestelle bis Burg, knapp 1 km Anmarsch, Tel. 09441/58 58, www.schiffahrt-kelheim.de
- **Öffnungszeiten:** Mitte März bis Mitte Oktober Di–So 9–17 Uhr; Flugvorführungen um 11 und 15 Uhr, auch bei leichtem Regen, nicht aber bei Sturm
- **Preise:** Flugvorführung inklusive Burgmuseum: Erwachsene 7 Euro, 5–15 Jahre 3,50 Euro
- **Altersempfehlung:** Ab 3 Jahren
- **Information:** Falkenhof Schloss Rosenburg, 93339 Riedenburg, Tel. 09442/27 52; www.falkenhof-rosenburg.de; Touristinformation, Marktplatz 1, Tel. 09442/90 50 00, www.riedenburg.de
- **Einkehr:** Burgkeller, Biergarten Fasslwirtschaft (nahe Kristallmuseum/Stabbogenbrücke), Eiscafé Angelo (bei der Schiffsanlegestelle)

gieren die Raubvögel. Gezeigt werden Lautlosflüge, das Kreisen über der Burg oder wie Fischadler Beute schlagen. Wie in freier Natur fliegen die Geier in einer Gruppe. Wer Trubel sicher umgehen will, besucht die über der schmucken Stadt Riedenburg thronende Burg wochentags.

Stadt Riedenburg mit Schloss Rosenburg.

Vor oder nach den simulierten Jagdflügen können die Greifvögel – darunter auch Bussarde, Falken, Milane und Eulen – aus nächster Nähe beäugt werden, wobei es sich durchwegs um gezüchtete Tiere handelt. Bei schönem Wetter bitte unbedingt Sonnencreme mitbringen, denn die Zuschauer sitzen während der Vorführung weitgehend in der prallen Sonne. Wer noch Zeit übrig hat: Die Burganlage beherbergt eine Art Mini-Jagdmuseum mit einer Reihe von ausgestopften Tieren, darunter Wolf und Bär, sowie traditioneller Jagdkleidung (im Eintritt inbegriffen).

Übrigens: Wer vom malerisch gelegenen Kelheim durchs Altmühltal flussaufwärts fährt, befindet sich bis kurz hinter der Stadt Riedenburg im westlichen Winkel von Niederbayern. Trutzige Ritterburgen überragen den Rhein-Main-Donau-Kanal, hinter Essing fällt eine elegant geschwungene Brücke mit fast 200 Metern Länge ins Auge – der sogenannte Tatzelwurm. Nirgendwo sonst in Europa gibt es eine längere Holzbrücke.

Tipp

In knapp zwei Stunden lässt sich von der Touristinformation (Infosäule am Marktplatz) der **Dreiburgensteig** erwandern. Zunächst geht es die Austraße entlang flussaufwärts, dann auf der vom Penny-Markt aus gesehen gegenüberliegenden Seite hinter dem Parkplatz links den Katzensteig hinauf. Am Kreuzfelsen vorbei erreichen Wanderer die Ruine Tachenstein. Über die tiefergelegene Burgstraße hinweg führt der Weg hinauf zur Rosenburg (alternativer Einstieg), dann erneut hinab zur nahen Ruine Rabenstein sowie zurück in die Stadt. Drei Bretterritter zieren den 4,5 km langen Rundweg.

42 Affenzahn in Altmühlbobs

Sommerrodeln und Tiere streicheln in Riedenburg

Mit bis zu 40 Stundenkilometern talwärts sausen, Tiere streicheln, im Sand buddeln oder ein Bad nehmen – an der Altmühl haben alle Kinder mächtig Spaß.

Am Südufer der Flussschleife hinter Riedenburg vergnügen sich Jung und Alt bei einer Fahrt im Altmühlbob. Auf der über 1000 Meter langen Sommerrodelbahn sorgen Steilkurven, Jumps und ein Kreisel für Nervenkitzel. Weniger flott, aber mindestens so nett geht es daneben im Streichelzoo bei Ziegen und Kaninchen zu, zugleich gackern Hühner und pfeifen Sittiche. Auf dem gepflegten Spielplatz locken Rutschen, ein großer Sandkasten, Wasserspiele und eine Hüpfburg.

Badesee St. Agatha aus der Vogelperspektive.

Tipp
Nur einen Katzensprung entfernt kühlt bei warmem Wetter der **Badesee St. Agatha**. Kleinkinder planschen am seichten Teil Ufers.

- **Anfahrt:** Ab Kelheim an der Altmühl entlang, Riedenburg links liegen lassen und erst an der Schleuse über den Kanal, dann rechts flussaufwärts
- **Öffnungszeiten:** Sa, So im März sowie April bis Oktober 10–17.30 Uhr, auch bei Regen
- **Preise:** Erwachsene 2,10 Euro, bis 14 Jahre 1,80 Euro, günstige Mehrfachkarten
- **Altersempfehlung:** Ab 3 Jahren als Copilot (empfohlen), ab 8 Jahren Alleinfahrt, Spielplatz/Streichelzoo ab 2 Jahren
- **Information:** Altmühlbob, St. Agatha 6, 93339 Riedenburg, Tel. 09442/ 90 60 06, www.altmuehlbob.com
- **Einkehr:** Kioske mit Terrassen an der Bobbahn und am Badesee

Stromschnellen zum Kloster 43

Mit dem Schiff durch den Donaudurchbruch nach Weltenburg

Das älteste Kloster Bayerns lässt sich auf einer spektakulären Schiffstour ansteuern. Ausgangsort ist Kelheim am Zusammenfluss von Donau und Altmühl.

Zunächst steuert der Kapitän an der Befreiungshalle vorbei flussaufwärts. Wo sich die blau-braune Donau einst durch die Jurafelsen fraß, verengt sich der Strom bis auf knapp 100 Meter, sodass es richtig abenteuerlich wird. Gekonnt werden Räuberfelsen, Lange Wand und entgegenkommende Schiffe umfahren.

Am anderen Ende der Enge grüßt das Benediktinerkloster Weltenburg fünf Gehminuten von der Anlegestelle entfernt hinter einer Flussschleife. Wenn Kids vom Kiesstrand Steine ins Wasser werfen, sollten Eltern der Strömung wegen ein Auge darauf haben. Klosterbesuchern sticht die großräumige Schenke sowie die barock-funkelnde Asamkirche ins Auge. Wer Ruhe sucht, spaziert auf dem Passionsweg zur Kapelle auf dem Frauenberg.

Ausflugsschiff im Donaudurchbruch.

- **Anfahrt:** Über die A 93 und B 16 nach Kelheim, parken bei der Anlegestelle oder am nahen Volksfestplatz; alternativ direkt bis Weltenburg (Ort) und in 15 Gehminuten zum Kloster
- **Schiffsverkehr:** Ende März bis 1. November ab 9.30 Uhr (Ende April bis Anfang Oktober 14- bis17-mal, vorher und nachher Mo–Fr 5-mal, Sa, So 10-mal); Hinfahrt 40 Min., Rückfahrt 20 Min.
- **Preise:** Hin- und Rückfahrt Erwachsene 9 Euro, 6–16 Jahre 7,10 Euro, Familien 24,30 Euro
- **Altersempfehlung:** Ab 3 Jahren
- **Information:** Personenschifffahrt, 93305 Kelheim, Tel. 09441/58 58, www.schiffahrt-kelheim.de
- **Einkehr:** Klosterschenke Weltenburg, Weißes Brauhaus Kelheim (Schneider)

Abenteuer drinnen

44 Wie in der Steinzeit

Erhellendes in der Tropfsteinhöhle Schulerloch

Vater und Sohn auf Inspektion in der Höhle.

Da Höhlen zu den ersten Behausungen der Menschheit gehören, zieht uns ihr Inneres noch heute in den Bann. Nachempfinden können das Besucher im Schulerloch an der Altmühl.

Kaum zu glauben: Bereits vor 50 000 Jahren suchten in dieser Höhle Neandertaler Zuflucht. Heutige Besucher erfahren spannende Geschichten, die sich um diesen geheimnisvollen Ort ranken, zum Beispiel über Druiden im Tempelraum, der mit fast 800 Quadratmetern größten Höhlenhalle. Verschiedenfarbige Strahler sorgen für eine prickelnde Atmosphäre, zudem kosten Groß und Klein bewusst das Gefühl der Dunkelheit aus. Geologisch Interessierte begeistert ein einzigartiges Wasserbecken, das weltweit seinesgleichen sucht – Experten sprechen von einem Becher-Stalagmiten. Alle fasziniert, wie die gut 30-minütige Führung ein inspirierender Zauber aus Licht und Musik krönt.

Gut 15 Minuten dauert der Anmarsch vom Parkplatz durch den dichten und schattigen Laubwald bergauf. Oben angekommen streben Besucher zunächst dem Kassenhäuschen entgegen. Die Führungen durch die ausgeleuchteten Tropfsteinhöhlen beginnen halbstündlich. Dabei verstehen es die Begleiter, ihre Erklärun-

- **Anfahrt:** Ausgeschilderter Parkplatz an der Staatsstraße zwischen Kelheim und Essing/Riedenburg
- **Öffnungszeiten:** Ostern bis 1. November 10–16 Uhr, im Sommer bis17 Uhr (jeweils Beginn letzte Führung)
- **Preise:** Erwachsene 4 Euro, 4–15 Jahre 2,50 Euro
- **Altersempfehlung:** Ab 4 Jahren
- **Information:** Höhlenverwaltung Schulerloch, Oberau 1, 93343 Essing, Tel. 09441/32 77, www.schulerloch.de
- **Einkehr:** Terrassencafé am Schulerloch mit schöner Aussicht durchs Blätterdach

Blick vom Terrassencafé die Altmühl flussaufwärts.

gen kindgerecht zu gestalten. Auf alle Fälle bereitet es den Kids richtig Spaß, in den Felsformationen Giraffen, Schlangen oder Drachen zu suchen und zu entdecken. In einer Felsspalte verbirgt sich sogar eine Miniaturversion von Schloss Neuschwanstein.

Da es seit der Steinzeit im Inneren der Höhle kühl ist – heute etwa neun Grad Celsius bei 80 Prozent Luftfeuchtigkeit –, sollten Sie sich unbedingt warm anziehen. Mögliche Wartezeiten bis zur nächsten Führung vertreiben sich die Besucher mit Infos über Fledermäuse, Fundstücke oder weltbekannte Malereien vergleichbarer Höhlen im angeschlossenen Oktagon-Museum. Mit ängstlichen kleinen Kindern sollten Sie die Höhle allerdings besser nicht besuchen. Und da Fledermäuse zum Überwintern ins Schulerloch kommen, bleibt in der kalten Jahreszeit das Innere zum Schutz der Tiere geschlossen.

Tipp

Hinter Essing thront auf einem steilen Jurafelsen die bestens erhaltene **Burg Prunn**. Von der Ritterburg aus genießen Groß und Klein den herrlichen Ausblick über die Altmühl. Besichtigung der Innenräume im Rahmen einer Führung, von April bis Oktober täglich 9–18 Uhr, November bis März Di–So 10–16 Uhr, Erwachsene 4,50 Euro, Kinder und Jugendliche frei, Tel. 09442/33 23. Der Wächterraum mit seinen vielen Rüstungen gefällt den meisten Kids am besten. Die Burgschänke hingegen ist leider in die Jahre gekommen.

45 Frau Holle grüßt Dracula

Durchs Märchen- und Gespensterschloss Lambach

Nördlich von Lam streifen Familien durch das Märchen- und Gespensterschloss. Auf drei Etagen werden szenisch Geschichten gezeigt. Im Keller spukt es.

- **Anfahrt:** Über Lohberg oder Arrach oder Neukirchen; in Lam am höchsten Punkt des Marktplatzes nach Lambach abbiegen (4 km), dort in der Linkskurve rechts parken
- **Öffnungszeiten:** Mitte April bis Anfang November täglich, im Winter nur phasenweise
- **Preise:** Erwachsene 3 Euro, Kinder 2,50 Euro
- **Altersempfehlung:** Ab 4 Jahren
- **Information:** Märchen- und Gespensterschloss Lambach, 93462 Lam, Tel. 09943/35 41 oder 09491/23 17, www.maerchen-schloss-lambach.de
- **Einkehr:** Brotzeitstüberl mit Terrasse im Kassengebäude, Kaffeehaus Blaslhöhe (zwischen Lambach und Lam), Hotel zur Post (Marktplatz Lam), Café zum Sahneberg (in Lam vor der Regenbrücke nach Thürnstein, dort links den Berg hoch)

Von den geräumigen Dielen der Jugendstil-Villa werfen die Besucher einen Blick in alle angrenzenden Zimmer. Hinter Plastikscheiben wird dort je eine typische Szene eines Märchens von gewandeten Figuren mit Tonköpfen dargestellt. Was die einen als statisch empfinden – außer Lichtschaltern kann nichts betätigt werden –, halten andere für nostalgisch. So oder so reicht ein Stündchen locker aus, um die Villa am Fuße des Osser unter die Lupe zu nehmen.

Den Weg zum Ossergipfel verrät der Tippkasten.

Märchenhaft gelegen: die schlossartige Villa in Lambach.

An der Kasse erhalten Besucher einen Zettel, der verrät, in welchem Zimmer sich welches Märchen verbirgt. Wer die Geschichten – allen voran die der Gebrüder Grimm – kennt, für den wird der Rundgang zu einem Ratespiel. Um wen also trauern die sieben Zwerge am Fuße des Treppenhauses?

Schließlich weist noch ein Pfeil hinab in den Geisterkeller im Untergeschoss. Erwartungsgemäß hausen dort Teufel und ähnliche Spießgesellen – die Kleinsten und Zartbesaitete können sich das sparen und besser die überraschend stimmungsvoll geflieste Toilette aufsuchen.

Nach dem Schlossbesuch bietet sich ganzjährig ein Besuch des **Osserbads** in Lam (siehe Ausflug 61) oder im Sommer des **Seeparks in Arrach** an (5 km von Lam in Richtung Bad Kötzting).

Tipp

Vom bereits 933 Meter hoch gelegenen **Wanderparkplatz Ossersattel** (auf halber Strecke zwischen Lam und Märchenschloss abbiegen) erreichen Familien nach eineinhalb Stunden Aufstieg das bewirtschaftete Schutzhaus auf dem 1293 Meter hohen Osser-Gipfel. Abstieg alternativ über Kleinen Osser und Osserwiese bzw. direkt über die Osserwiese. Richtungspfeile sowie weiß-rote Markierung »L1/L3« beachten. Achtung: Der Weg ist weitgehend breit und einfach zu gehen, die letzten Meter zu den zwei Gipfeln erfordern jedoch Trittsicherheit.

46 Glänzende Aussichten

Das Glasdorf Weinfurtner in Arnbruck

Seit dem späten Mittelalter kennen »Waidler« die Kunst, Glas herzustellen. Familie Weinfurtner erhält diese Tradition aufrecht und beschreitet gleichzeitig neue Wege.

Wer durch die Ausstellungen des ideenreichen Glasdorfes schlendert, bestaunt hauseigene Produkte sowie Sammlerstücke, darunter Meißener Porzellan und Hummelfiguren. In der Innovationsglashütte begutachten Besucher aktuelle Trends, im Atelier dreht sich alles um künstlerische Veredelung. Auf der anderen Straßenseite erleben Groß und Klein, wie Glas traditionell geblasen wird – und dürfen selbst auch ran. Im Haus Vier Jahreszeiten weihnachtet es ganzjährig unter dem Dach. Auf dem Spielplatz überrascht der Schwanz eines Pferdes als fetzige Rutsche, im Glasdorf-Gehege freuen sich Ziegen über Besuch. In der warmen Jahreszeit begeistern die großzügigen und fantasievollen Themen-Gärten – in diesem Punkt sticht Weinfurtner seinen Wettbewerber Joska aus.

- **Anfahrt:** Über die B 85 oder B 11, dann über Viechtach oder Teisnach oder Bodenmais, aus Norden über Bad Kötzting oder Arnbruck
- **Öffnungszeiten:** Mo–Fr 9–18 Uhr, Sa 9–16 Uhr, So 10–16 Uhr
- **Preise:** Eintritt frei
- **Altersempfehlung:** Ab 5 Jahren
- **Information:** Das Glasdorf, Zellertalstr. 13, 93471 Arnbruck, Tel. 09945/941 10, www.weinfurtner.de
- **Einkehr:** Bistro Vier Jahreszeiten (Café), Hüttenschänke (Imbiss)

Im Weinfurtner-Garten stehen auch Glasblumen.

Glasklare Erfolgsgeschichte 47

In der Joska Kristallwelt bei Bodenmais

Ein bunter Glasbasar breitet sich am Westrand von Bodenmais aus. Interessierte sehen dort geübten Graveuren, Glasmalern oder Glasbläsern über die Schulter.

In den Ausstellungen funkelt in allen erdenklichen Farben, was sich aus den Grundstoffen Quarzsand und Pottasche herstellen lässt. Auch Glasgärten und der ganzjährige Weihnachtsmarkt lassen Herzen höher schlagen. Wer will, probiert selbst, wie ein echter Bayerwald-Handwerker am Ofen eine Durstkugel zu blasen (5 Euro). So gelingt es Firmeninhaber Josef Kagerbauer mittels moderner Präsentation, die jahrhundertealte Glastradition im Bayerwald lebendig zu halten. Außerdem lockt ein großer, sonniger Kinderspielplatz mit Kletterturm, Riesenrutsche sowie Spieldorf für die Kleinsten.

Wer will, bläst selbst eine gemusterte Glaskugel.

Tipp

Autofahrer, die in Böbrach links den Harlachberg hochfahren, erreichen die **Märchenalm** der Familie Geiger, ein Ausflugslokal mit buntem Spielplatz und Streicheltieren (kleine Gebühr); Raschau 2, geöffnet Mai bis Oktober 9–18 Uhr, Di geschlossen, Tel. 09924/76 15.

- **Anfahrt:** Über Drachselsried, Teisnach, Regen, Zwiesel oder Bretterschachten; bei Bodenmais nach dem Kreisverkehr in Richtung Drachselsried
- **Öffnungszeiten:** Mo–Fr 9.15–18 Uhr, Sa bis 17 Uhr, Mai bis Weihnachten zudem So 10–16 Uhr
- **Preise:** Eintritt frei
- **Altersempfehlung:** Ab 5 Jahren
- **Information:** Joska, Am Moosbach 1, 94249 Bodenmais, Tel. 09924/77 90, www.joska.com
- **Einkehr:** Kristall-Restaurant mit Biergarten und Café (Selbstbedienung)

48 Der Schatz im Silberberg

Glück auf – hinein ins Besucherbergwerk bei Bodenmais

Tief im Inneren des Silberbergs verbirgt sich der Große Barbaraverhau. Zu diesem Felsendom führt eine 45-minütige Führung durch den über 600 Meter langen Stollen.

Wer das historische Bergwerk erkunden will, bekommt einen blauen Umhang verpasst, den Bergleute Cap nennen. Da im Inneren des Silberbergs konstant feuchte wie kühle drei bis vier Grad Celsius herrschen, sollten Sie unbedingt an warme Kleidung denken. Ein Führer begleitet die Gruppen zu Fuß in den Stollen hinein. Hinter dem Maschinenraum folgt der Große Barbaraverhau, eine mächtige Höhlung, die auf insgesamt 130 Stufen erkundet wird. Auf dem weiteren Rundgang verdeutlichen eine alte Förderanlage oder ein lärmender Pressluftbohrer, wie die beinharte Arbeit beim Erzabbau bis vor 50 Jahren wirklich aussah.

- **Anfahrt:** Über Drachselsried, Teisnach, Regen, Zwiesel oder Bretterschachten; Bahn: Waldbahn bis Bodenmais sowie Ostern bis Oktober mit der Bimmelbahn zum Silberberg (Abfahrt bei passendem Wetter vor dem Bahnhof zur vollen Stunde, Familienkarte 13 Euro, Tel. 09924/70 15)
- **Öffnungszeiten:** April bis Oktober 10–16 Uhr (Juli, August bis 16.45 Uhr), im Winter bitte anfragen; Zeiten der Berg- und Sommerrodelbahn sind auf Führungen abgestimmt
- **Preise:** Ab 16 Jahren 5,90 Euro, ab 4 Jahren 3,50 Euro (Tickets nur am Eingang zum Stollen); Bergbahn: Fahrt zur Mittelstation 2,70 bzw. 1,60 Euro; Mittelstation Berg- und Talfahrt 3,50 bzw. 2,50 Euro (keine direkte Fahrt von Mittel- zur Talstation möglich), Familienkarte Auf- und Abfahrt zum Gipfel 13,50 Euro; Sommerrodeln (nur wenn Bahn trocken) 2 bzw. 1 Euro (Tickets an Tal- und Mittelstation)
- **Altersempfehlung:** Ab 5 Jahren
- **Information:** Historisches Besucherbergwerk, Silberberg 28, 94249 Bodenmais, Tel. 09924/304, www.silberberg-online.de; Silberbergbahn, Barbarastraße 1, 94249 Bodenmais, Tel. 09924/94 14 11, www.silberbergbahn.de
- **Einkehr:** Silberbergalm an der Talstation, Bergmannschänke am Stollen (jeweils Selbstbedienung)

Gut gerüstet für das Bergwerk.

Insgesamt mehr als 60 Erze und Mineralien umschließt der Silberberg. Sein Name rührt daher, dass anfangs im Babarastollen reines Silber gefunden wurde sowie später Bleiglanz, aus dem Silber gewonnen werden konnte. Der seit dem Spätmittelalter andauernde Abbau hinterließ den Silberberg löchrig wie einen Schweizer Käse, des harten Gneisgesteins wegen jedoch stabil. Erwachsene erhalten Schutzhelme also nicht drohenden Steinschlags wegen, sondern um in niedrigen Passagen Kopfverletzungen vorzubeugen. Nötigenfalls also gebückt marschieren, auch wenn der stramme Bergmannsgruß lautet: »Glück auf!« Aus Rücksicht auf Fledermäuse darf übrigens im Stollen nicht fotografiert werden.

Der Weg zum Stollen

Vom Parkplatz an der Talstation der Bergbahn dauert der Fußmarsch zum Bergwerk keine 30 Minuten. Ein geteerter Weg führt nahe der Lifttrasse teils sportlich nach oben, den Einstieg weist das Schild »Fußweg zum Bergwerk« gegenüber dem Parkplatz. Schöner wandert es sich rechts herum durch den Wald auf einer Forststraße, der Einstieg erfolgt hinter dem Parkplatz am Ende der Teerstraße 300 Meter oberhalb der Talstation. Alternativ fahren Besucher mit dem Sessellift rasch zur Mittelstation, um dann in nur zwei Gehminuten Stollen samt Kasse zu erreichen.

Übrigens: In der kalten Jahreszeit führt nicht nur der Sessellift, sondern auch ein geräumter Winterwanderweg zum Stollen. Und wenn genug Schnee liegt, verwandelt sich der geteerte Bergweg in eine offizielle Schlittenbahn; Rodel kann man an der Talstation leihen (3 Euro).

Tipp

Wer das Bergwerk besichtigt, kann das entweder mit dem anschließenden Sturm des 955 Meter hohen Gipfels des Silberbergs verbinden oder von der Mittelstation der Bergbahn auch im Sommer zu Tal rodeln (siehe Ausflug 8).

49 Große Sprünge, flotte Flitzer

Indoorspielplatz und Kartbahn bei Geiersthal

Die längste Indoorkartbahn Niederbayerns, der günstige, überschaubare Indoorspielplatz sowie eine reichhaltige Gastronomie kennzeichnen den Familien-Erlebnispark Geiersthal.

Eine Hüpfburg lässt Kinderherzen höher schlagen.

Einer US-amerikanischen Sportsbar nachempfunden präsentiert sich die Gaststätte, durch die Jung und Alt den Erlebnispark betreten. Im schummrigen Licht des Gastraums befindet sich der Kart-Kiosk, gegenüber ein Raum mit Bällebad für die Kleinen.

Über eine Empore marschieren Familien über die im Dunkeln liegende Kartbahn hinweg zum Spielplatz. Das Schild »Zur Kartbahn

■ **Anfahrt:** Über die B 85 oder B 1 aus Richtung Norden über Drachelsried oder Bodenmais; Achtung: Das Gewerbegebiet Geiersthal liegt aus Richtung Patersdorf (Bundesstraßen) vor Teisnach; Bahn: Wanderbahn-Halt Teisnach

■ **Öffnungszeiten:** Mi–So 14–19 Uhr, Kartbahn länger, in den Ferien teils zusätzliche Öffnungszeiten

■ **Preise:** Indoor-Kinderland: Kinder 3 Euro, Begleitperson 2 Euro; Karts: 30 Min. 27 Euro; Anmeldung zweckmäßig

■ **Altersempfehlung:** Spielplatz ab 3 Jahren, Kartbahn ab 9 Jahren/1,40 m Größe (Angabe des Betreibers); Kleinkinderspielraum neben der Gaststätte

■ **Information:** Erlebnispark Geiersthal, Gewerbegebiet 15, 94244 Geiersthal/Teisnach, Tel. 09923/18 02, www.erlebnispark-geiersthal.de, www.kart-o-mania.de

■ **Einkehr:** Angeschlossene Gaststätte mit Tagesangeboten, Brauerei-Gasthof Eck vor Böbrach

Elektro-Mini-Kart im Indoorspielplatz.

und zum Kinderland« weist von der Gaststätte aus den Weg zur richtigen Tür. Am Ende der Kartbahn befindet sich der überdachte Spielplatz, der dick aufgetragen als Mega Indoor Kinderland firmiert. Am dortigen Empfang wird der Eintritt entrichtet. Sodann springen Kids auf knapp 300 Quadratmetern in einer Hüpfburg, klettern durch das Labyrinth, rutschen die Wendelrutsche hinab oder toben im Kugelbad. Gratis Mini-Karts deuten an, um was es sich nebenan dreht.

Planet Kart-o-Mania

In der insgesamt 6000 Quadratmeter großen Halle steht die mit 750 Metern längste Indoorkartbahn Niederbayerns im Mittelpunkt. Folglich dreht sich auf dem Planet Kart-o-Mania alles um die 6,5 PS starken Karts. Wenn man so will, handelt es sich bei der Ausstattung der Leihkarts um bessere Rasenmähermotoren, doch die kleinen Flitzer erreichen immerhin bis zu 80 Stundenkilometer Spitze bei deutlich über 4000 Umdrehungen in der Minute. Zum Glück verbreiten die Ethanolmotoren überraschend wenig Lärm.

Was Kartfahrer anbelangt, gibt der Betreiber zwar eine Altersempfehlung von minimal 9 Jahren sowie 1,40 Metern Größe. Doch Hand aufs Herz: Bei Geschwindigkeiten, die denen von Leichtkrafträdern entsprechen, sollte man wirklich wissen, was man tut. Am besten steigen nur diejenigen in Karts, die Benzin im Blut haben. Außerdem besteht die Möglichkeit, dass Senior und Junior in einem Tandem-Kart zusammen ihre Runden drehen. So oder so werden Helme gestellt. Wer Wartezeiten vermeiden will, meldet sich telefonisch an.

50 Auf Bibi Blocksbergs Spuren

Die dunklen Geheimnisse von Schloss Egg

Wo ein Team die Außenaufnahmen für den ersten Bibi-Blocksberg-Film drehte, zeigen sich nicht nur Fans der kleinen Hexe fasziniert. Das schaurig-schöne Schloss zieht jeden in seinen Bann.

Als verwinkeltes Bauwerk mit verspielten Türmchen und mächtigem Bergfried empfängt Schloss Egg im gleichnamigen Ort nordwestlich von Deggendorf seine Gäste. Wo bis vor 175 Jahren ein Wassergraben Angreifer abschreckte, parken heute Autofahrer. Durch ein Tor hindurch weist ein Aufgang in Richtung Schloss, links liegen gelassen wird der lauschige Bier-

- **Anfahrt:** Über die A 3, Ausfahrt Metten, anschließend durch Metten hindurch; Staatsstraßen über Bernried oder Achslach oder Deggendorf (Pfeil Bernried)
- **Öffnungszeiten:** April/Oktober So 10–16 Uhr; Mai/September täglich 10–16 Uhr, Juni bis August 10–17 Uhr
- **Preise:** Führung durchs Schloss: Erwachsene 5 Euro, Kinder 2,50 Euro; Turm, Kapelle und Archiv frei
- **Altersempfehlung:** Ab 5 Jahren
- **Information:** Schloss Egg, 94505 Bernried, Tel. 09905/13 61, www.schloss-egg.de
- **Einkehr:** Gehobenes Schlossrestaurant Burgstall mit Biergarten (Mo geschlossen)

Zwei halbe Portionen vor ganzer Rüstung.

Schloss Egg mit dem mächtigen Hungerturm (rechts hinten).

garten und das bei Brautpaaren beliebte Hotel-Restaurant in den ehemaligen Pferdeställen.

In der Trinkstube, von der aus einst die Wache Ausschau hielt, befindet sich heute die Kasse. Der Außenbereich der inneren Burganlage kann jedoch ohne Eintritt besichtigt werden – inklusive Kapelle, Hungerturm (Bergfried) und dem unterkellerten Archiv, das Porträts ehemaliger Bewohner beherbergt. Wer den 45 Meter hohen Hungerturm besteigt, erreicht in 16 Meter Höhe den Eingang zu einem grausigen Verlies, das mittels Lichtschalter ausgeleuchtet werden kann. Ähnlich gruselig wirkt der kleine Folterkeller unter dem Archiv. Gut zu wissen, dass auf Schloss Egg schon lange keine grausamen Ritter mehr hausen. Wer insgesamt 160 Stufen meistert erreicht die Turmspitze. Dort freuen sich Schwindelfreie über den Blick in den Vorwald mit den Gipfeln von Hirschenstein (1089 m),

Tipp
Bei Regenwetter heißt ein kuscheliger Dinosaurier im vergleichsweise kleinen, aber günstigen **Bambino Indoorspielplatz** in Deggendorf Kinder willkommen. Anfahrt: In Deggendorf von der Autobahn in Richtung Hengersberg sowie unmittelbar nach der Hauptstraße (das ist die Zufahrt zur Donaubrücke) rechts abbiegen; geöffnet Di–So 9–19 Uhr, im Sommer bei schönem Wetter geschlossen; Kinder 2 Euro, Erwachsene frei; Konstantin-Bader-Str. 6 im 2. Stock mit Bistro, Tel. 0991/371 97 59, www.bambino-indoorspielplatz.de.

Zutraulicher Hirsch in Buchet (siehe Tipp).

Rauher Kulm (1050 m) und Vogelsang (1022 m). Den einst wichtigen Blick auf die vorbeifahrenden Donau-Schiffe versperren heute gewaltige Bäume.

Wer ins Schloss hinein will bucht eine Führung, die je nach Bedarf stattfindet und knapp eine halbe Stunde dauert. Der Rundgang umfasst den gesamten ersten Stock des Schlosses – vom glänzenden Spiegelsaal über Salons bis zu Schlafgemächern und einem lichtdurchfluteten Musikzimmer. Eine Schatztruhe aus feuerfestem Eisen, ein leuchtender Lüster, eine echte Kuss- und Schmusebank sowie Ritterrüstungen und alte Öfen erzählen stimmungsvoll von vergangenen Jahrhunderten. Und wer entdeckt die Tür zur geheimen Treppe?

Eine richtige Raubritterburg war die aus dem Mittelalter stammende Anlage ursprünglich. Als besonders grausamer Bösewicht gilt der einstige Burgherr Peter von Eckh. Viele der Skelette von bald 200 armen Seelen, die im Verlies des Hungerturms aufgefunden wurden, gehen auf seine Kappe. Doch schließlich starb sein Geschlecht aus. Bei der Führung erinnert nur noch eine Gipsfigur an den Übeltäter.

Tipp

Wo einst neben einem stolzen Bayerwaldhof am Fuße des Vogelsangs Kühe weideten, grasen heute in Gehegen viele Rot-, Dam-, Sikahirsche, Mufflons sowie Pferde, was kleinen Tierliebhabern gefällt. Natürlich sollen Besucher von **Buchet** als Kunden für den Hofladen, wo es selbst hergestellte Hirschwurst gibt, oder für eine Einkehr gewonnen werden. Fam. Gstettenbauer, Buchet 2, 94505 Bernried, 5 km nördlich von Egg Richtung Achslach, Tel. 09905/248; www.wildberghof-buchet.de.

Mitte des 19. Jahrhunderts ließ einer der späteren Burgherren, Graf Joseph Ludwig von Armansperg, die Anlage im damals beliebten Stil des Historismus mit zahlreichen neugotischen Elementen romantisieren. Die alte Burg erhielt so als Schloss sein neues, heutiges Gesicht. Schlossherr ist in zweiter Generation Konsul Georg Ludwig Hartl, dessen Familie seit rund 75 Jahren Egg bewohnt – und zwar derzeit den zweiten und dritten Stock des Gemäuers.

Im Reich der Schlangen 51

Der Reptilien-Zoo in Kirchberg im Wald

Ob Boa constrictor, Klapperschlange, Kobra oder Tigerpython – Freunde wechselwarmer Tiere werden im Reptilien-Zoo Kirchberg fündig.

Simon Reinke hat sein Hobby, die Terraristik, zum Beruf gemacht. Seit 2009 präsentiert der Kirchberger auf knapp 600 Quadratmetern seine Welt der Gift- und Würgeschlangen. Hinter Glasscheiben bekommen Besucher außerdem Echsen, Spinnen, Skorpione und Piranhas zu Gesicht. In über 70 Terrarien leben insgesamt rund 150 Tiere, die sowohl aus staubtrockenen Wüsten als auch aus feuchten Tropengebieten stammen. Als giftigste Schlange im Zoo gilt die grüne Mamba. Der kräftige Tigerpython hingegen erwürgt seine Beute und kann bis zu sechs Meter lang werden. Alle gezeigten Tiere vereint, dass sich ihre Körpertemperatur der Umgebung anpasst, wodurch sie als wechselwarm gelten. Seit jeher ziehen die im Unterschied zu Säugetieren vergleichsweise gefühllosen Reptilien Menschen in ihren Bann – davon zeugt bereits die Bibelgeschichte von Adam und Eva.

Äußerst giftig: die grüne Mamba.

- **Anfahrt:** Staatsstraßen führen sternförmig nach Kirchberg, unter anderem ab Bischofsmais, Rinchnach, Kirchdorf oder von Süden ab B 533; der Zoo liegt bei der Abzweigung in Richtung Hengersberg
- **Öffnungszeiten:** Di–So 10–17 Uhr (Einlass bis 16.30 Uhr)
- **Preise:** Erwachsene 5 Euro, 6–14 Jahre 3,50 Euro, Familien 15 Euro
- **Altersempfehlung:** Ab 3 Jahren
- **Information:** Reptilien-Zoo, Raindorfer Str. 1, 94259 Kirchberg im Wald, Tel. 09927/95 05 42, www.reptilienzoo-kirchberg.de
- **Einkehr:** Kirchberger Hof (Ecke Regener-/Schönberger Straße)

52 Bärenstarke Spielhalle

Herumtoben im Indoor-Funpark Babalu in Grafenau

Im schönsten Hallen-Spielplatz im Bayerischen Wald toben sich Mädchen und Jungen seit 2009 nicht nur bei schlechtem Wetter so richtig aus.

Die automatische Schiebetür am Eingang verrät, dass es sich bei dem Gebäude um einen ehemaligen Supermarkt handelt. Im Inneren bereiten zahlreiche Fenster einen hellen Empfang. Die Attraktionen präsentieren sich locker arrangiert, was eine freundliche Atmosphäre erzeugt. Zwischen den installierten Geräten sausen Kids munter auf Dreirädern umher. Kinder im Grundschulalter kommen am allerbesten auf ihre Kosten, angehende Teens können sich mit dem Fußball- und Basketballfeld anfreunden. Eltern von Kindern unter drei Jahren freuen sich über den abgegrenzten Kleinkindbereich mit Kugelbad.

- **Anfahrt:** Über die B 533, Umgehungsstraße, Ausfahrt Grafenau Ost, bzw. ab Stadtmitte an der Sparkasse vorbei; Bahn: Waldbahn Grafenau (gut 1 km Fußweg durch die Freyunger Straße)
- **Öffnungszeiten:** Mo–Fr 14–19 Uhr, Sa, So und Ferienzeit 10–19 Uhr
- **Preise:** Mo–Fr Erwachsene 3 Euro, Kinder 6 Euro; Sa/So Erwachsene 3,50 Euro, Kinder 6,50 Euro
- **Altersempfehlung:** Ab 2 Jahren
- **Information:** Funpark Grafenau, Freyunger Str. 57, 94481 Grafenau, Tel. 08552/97 42 27, www.babalu-funpark.de
- **Einkehr:** Dschungelimbiss in der Halle, Kleblmühle östlich von Grafenau (in Lichteneck von der B 533 abzweigen)

Wettrennen gefällig auf der Wellenrutsche?

Kinderfreundlicher Dschungelimbiss mitten im Indoorspielplatz.

Wenn sich das Bärenmaul schließt, dann kreischen die gefangenen Kids voller Wonne. Wer dem Bären den Buckel runterrutscht, entkommt ihm jedoch schnell. Noch länger hinab geht es auf der vierfachen Wellenrutsche. Neben der Hüpfburg werden auf vier Trampolins hochfliegende Pläne verwirklicht. Im Kletterlabyrinth kraxeln die Kinder ganz nach oben, genießen vom Baumhaus die Aussicht über die Halle oder winken Mama und Papa zu. Wer die 2,5 Meter hohe Kinder-Kletterwand nutzt, sollte das unter Aufsicht tun.

Der Eintrittspreis beinhaltet einen Freichip für eine Fahrt mit dem E-Kart. Für 50 Cent das Stück können Chips nachgekauft werden. Da sich der Eintritt für eine ganze Familie durchaus läppert, eignet sich der knapp 600 Quadratmeter große Indoor-Spielplatz nicht für schnell mal eben. Ohnehin sorgt das bunte Angebot dafür, dass es die allermeisten Kinder überhaupt nicht eilig haben. Eltern vertreiben sich die Zeit im Dschungelimbiss und können von dort die Kleinen gut im Auge behalten. Die Angebote für Durstige und Hungrige sind fair.

Tipp

Spielt das Wetter mit, erfrischt von Mitte Mai bis Mitte September das örtliche **Wellenfreibad** samt 80-Meter-Rutsche. Es liegt vom Funpark aus fast um die Ecke, Anfahrt jedoch über die B 533-Ausfahrt Grafenau Mitte, und dann zurücksetzen. Bärenwelle, Seesteig 5, 94481 Grafenau, Tel. 08552/14 90, Erwachsene 3 Euro, Kinder 2,20 Euro.

53 Bayerwald anno dazumal

Im Bauernhofmuseum Finsterau dem früheren Landleben nachspüren

Hinter Wäldern und Bergen verbirgt sich ein Refugium bäuerlicher Tradition: das Freilichtmuseum Finsterau am Ostrand des Nationalparks Bayerischer Wald.

Einzelne Bauernhäuser und vollständige Höfe künden davon, wie das harte Landleben im Bayerwald früher einmal war. Der Kapplhof sieht aus wie viele Anwesen vor über 300 Jahren ausgesehen haben, der Tanzer-Hof hingegen ist nicht einmal halb so alt. Beim wieder aufgebauten Petzi-Hof mit seinen sieben Gebäuden stammt das Wohnhaus von 1704, der Stadel von 1927.

Wenn der Hammer auf den Amboss trifft, führt ein Schmied seine traditionelle Arbeit vor. Zum bunten Reigen saisonaler Feste gehören Maibaumaufstellen, Sonnwendfeuer oder Adventsmarkt. Auf dem Rundweg durch das Museumsdorf treffen wir Vieh und herumstreunende Katzen. In der Nähe der urigen Museumswirtschaft wartet ein Spielplatz mit Turm und Karussell. Bei Regen hält im hinteren Teil des Gebäudes ein Schlechtwetter-Spielplatz mit Klettergerüst und Rutschrohr trocken.

- **Anfahrt:** Über die B 12 oder B 533 nach Freyung, weiter über Mauth; Bus: Igelbus
- **Öffnungszeiten:** Mai bis September 9–18 Uhr, Oktober 9–17 Uhr, Weihnachten bis April 11–16 Uhr
- **Preise:** Erwachsene 5 Euro, 5–17 Jahre 3 Euro, Familien 11 Euro
- **Altersempfehlung:** Ab 3 Jahren
- **Information:** Freilichtmuseum Finsterau, Museumsstr. 51, 94151 Finsterau, Tel. 08557/960 60, www.freilichtmuseum.de
- **Einkehr:** Tafernwirtschaft Ehrn auf dem Gelände, Landhotel Bärnriegel in Finsterau, Wirtshaus Säumerpfad in Mauth mit nettem Garten

Alte Höfe versprechen eine Zeitreise.

Steinwelten entdecken 54

Museum und Schausteinbruch – das Granitzentrum Hauzenberg

Interessierte Schulkinder und Eltern beeindruckt die Ästhetik des Granitzentrums, dessen dunkle und lichtdurchflutete Räume die Kraft des Urgesteins preisgeben.

Die Ausstellung samt Film vermittelt, wie Granit entsteht und wie sich der Mensch den Stein zunutze macht. Hinter einer Fahrstuhltür imitiert eine Rüttelplatte die Fahrt ins Erdinnere, wo sich Mineralien wie der Bergkristall verbergen. Durch ein Panoramafenster schweift der Blick hinaus zum ehemaligen Steinbruch, der sogleich inspiziert wird. Seit 2011 zählt das Gelände zu den 100 schönsten Geotopen Bayerns.

Tipp
Wer im Sommer ins Schwitzen gerät, kann sich im **Freudensee** im Norden von Hauzenberg abkühlen.

Blick zum Panoramafenster des Granitzentrums.

Tipp
Wer erleben will, wie das für Bleistifte nötige Graphit abgebaut wird, der kommt ins **Besucherbergwerk** 10 Autominuten südöstlich von Hauzenberg. Langheinrichstr. 1, Graphit Kropfmühl, geöffnet Anfang April bis Anfang November Di–Fr 10–15 Uhr, Sa/So 10–17 Uhr, Erwachsene 6 Euro, 7–16 Jahre 4 Euro, Familien 17 Euro, Tel. 08586/60 91 47, www.graphite.de.

- **Anfahrt:** Landstraßen über Waldkirchen, Hutthurm oder Passau
- **Öffnungszeiten:** Januar bis April 10–16 Uhr, Mai bis Oktober 10–18 Uhr
- **Preise:** Erwachsene 5 Euro, 7–14 Jahre 2 Euro, Familien 10 Euro
- **Altersempfehlung:** Ab 6 Jahren
- **Information:** Granitzentrum, Passauer Str. 11, 94051 Hauzenberg, Tel. 08586/22 66, www.stein-welten.de
- **Einkehr:** Gidibauer Hof (Grub 7, Mo geschlossen)

55 Drinnen in Passau

Mächtige Veste Oberhaus und verspielte Passolino Funhall

Ein Besuch der hübschen Dreiflüssestadt lohnt bei jedem Wetter. Die alte Veste führt das Leben früherer Tage vor Augen, in der Funhall toben Kinder zeitgemäß herum.

Veste und OberhausMuseum

Mächtig thront über Passau auf dem Georgsberg die Veste Oberhaus, eine der größten erhaltenen Burganlagen Europas. Nicht nur vom Aussichtspunkt neben dem Oberhaus-Café (bei Druck des Buches geschlossen) oder vom Aussichtsturm (Erwachsene 1 Euro, 6–16 Jahre 0,50 Euro) genießen Jung und Alt den fantastischen Blick auf Donau, Inn,

Tipp
Einen **Stadtplan** finden Sie bei Ausflug 30.

- **Anfahrt:** Über die A 3, B 12, B 85 oder B 388 bis Passau; Auffahrt zur Veste ab Schanzlbrücke oder Ilzstadt und Ferdinand-Wagner-Straße (nur Auffahrt) oder zu Fuß ab Innenstadt über Hängebrücke und Wehrgang (30 Gehminuten); Passolino beim Fernsehturm auf halber Strecke zwischen Ortsschild, das der A 3-Ausfahrt Passau Süd folgt, und Innenstadt; Bahn/Bus: Bahnhof Passau, Pendelbus ab Rathausplatz zur Veste (halbstündlich, Familienkarte 7 Euro)
- **Öffnungszeiten:** Museum: Mitte März bis Mitte November Mo–Fr 9–17 Uhr, Sa, So 10–18 Uhr, im Winter nur 25. Dezember bis 6. Januar 10–16 Uhr, Silvester geschlossen; Passolino: Schulzeit Mi–So 14–19 Uhr, Ferienzeit täglich 10–19 Uhr
- **Preise:** Museum: Erwachsene 5 Euro, Schüler 4 Euro, Familien 10 Euro; Passolino: Erwachsene 3,90 Euro, 2–3 Jahre 2,50 Euro, ab 4 Jahren 6,90 Euro
- **Altersempfehlung:** Passolino ab 2 Jahren, Museum ab 5 Jahren
- **Information:** OberhausMuseum, Veste Oberhaus 125, 94034 Passau, Tel. 0851/493 35 12, www.oberhausmuseum.de; Passolino, Neuburger Straße 96c, 94092 Passau, Tel. 0851/966 36 96, www.passolino.de
- **Einkehr:** Burgcafé, Andorfer Weißbräu (Burgberg, Mo geschlossen), Pizzeria L'incontro neben Passolino, Heilig-Geist-Stiftschenke (Fußgängerzone, Mi geschlossen), Café Diwan (9. Etage im Stadtturm mit toller Aussicht), Altstadt-Eisdielen

Ilzmündung, Altstadt und den gegenüberliegenden Mariahilf-Berg.

Veste Oberhaus.

Weite Teile der prächtigen Burganlage sind frei zugänglich. Zudem beherbergt die Veste das OberhausMuseum, historisches und kunsthistorisches Museum der Stadt Passau. Darin begegnen Besucher auf einer Zeitreise Handwerkern, Händlern und mächtigen Fürstbischöfen. In einem der über 40 Gemäuer, dem Kälteraum mit Plumpsklo-Nische, erleben Kinder hautnah, wie ungemütlich das Leben auf einer Burg sein konnte. Und wer ein Kettenhemd hochhebt oder einen Helm aufprobiert, spürt am eigenen Leib, wie schwer es die Ritter einst hatten. Von der Batterie Linde, auf der früher Kanonen postiert waren, genießen Museumsbesucher eine besonders schöne Aussicht.

Funhall Passolino

Eine sinkende Titanic, die ein himmlisches Vergnügen bereitet – das gibt es nur im Passauer Indoor-Spielplatz. Denn dort dient eine Plastikversion des einstigen Ozeanriesen als Rutsche. Ansonsten kommen im Passolino vor allem diejenigen auf ihre Kosten, die hoch hinaus wollen, also gerne hüpfen und springen. Zu den installierten Attraktionen in der locker 800 Quadratmeter großen Halle gehören nämlich auffallend viele Hüpfburgen sowie acht Trampoline.

An den Ecken und Enden der Funhall schimmert durch, dass es sich um das ehemalige Hallenbad handelt. So liegen die meisten Gerätschaften vertieft im ehemaligen Schwimmerbecken, im Eingangsbereich wiederum sausen Go-Karts durchs alte Kinderbecken. Passenderweise im ehemaligen Planschbecken erwartet die kleinsten Besucher heute ein Kugelbad.

Im Eintrittspreis enthalten sind drei Chips, die für Go-Karts, Softball-Kanonen oder fürs Air-Hockey verwendet werden können. Zusätzliche Chips kosten je 50 Cent. Die Benutzung aller sonstigen Geräte, die mit Bewegung zu tun haben, ist im durchaus stolzen Eintrittspreis inbegriffen.

56 Der Atem der Waldbauern

Ergreifende Zeitreise im riesigen Museumsdorf bei Tittling

Am Dreiburgensee bei Tittling liegt eines der größten Freilichtmuseen Europas. Dort erleben Groß und Klein eine Zeitreise in die Jahre von 1580 bis 1850.

Das Museumsdorf geht auf die Initiative von Familie Höltl zurück und beherbergt auf einer Fläche von 30 Fußballplätzen sage und schreibe über 100 traditionelle Gebäude. Einfirsthöfe, die Wohnraum, Stall und Stadel unter einem Dach vereinen, zeugen vom Leben kleiner Bauern. Bei Wohn-Stall-Häusern steht der Stadel extra. Vierseithöfe wiederum deuten einen gewissen Wohlstand an. Daneben gefallen Mühlen, Schmieden oder Kapellen.

Eine feste Ausstellung für Familien im Gebäude Nr. 110 vergleicht unser heutiges Leben mit dem vor 100 Jahren. Das Motto lautet: Bitte berühren. Und Gebäude Nr. 9, eine 350 Jahre alte Schulstube – die älteste in Deutschland erhal-

- **Anfahrt:** Über die B 85; Tittling liegt 25 km nördlich von Passau
- **Öffnungszeiten:** April bis Anfang November 9–17 Uhr, November bis März 10–17 Uhr (Häuser geschlossen)
- **Preise:** Erwachsene 5 Euro inkl. Kind unter 12 Jahren, 12–17 Jahre 4 Euro; im Winter 1 Euro/Person (Drehkreuz)
- **Altersempfehlung:** Ab 3 Jahren
- **Information:** Museumsdorf, Herrenstr. 11, 94104 Tittling, Tel. 08504/84 82, www.museumsdorf.com
- **Einkehr:** Wirtshaus Mühlhiasl im Museumsdorf, Seehof Tauer am Dreiburgensee-Ostufer, Schrottenbaummühle an der Ilz (siehe Tipp)

Tipp

Wanderer und Spaziergänger mögen das Ausflugslokal Schrottenbaummühle an der rauschenden Ilz (geöffnet Mitte März bis Oktober, nördlich von Tittling nach Rappenhof abbiegen, danach links in Richtung Fürsteneck). **Knapp zweistündige Rundwanderung:** ab Ilzbrücke flussabwärts, die Schönberger Triftsperre queren und am anderen Ufer wieder zurück. **Vierstündige Rundwanderung:** ab Schrottenbaummühle flussaufwärts bis zur nächsten Brücke bei Schneidermühle (Einkehr in der Hammerschmiede von der dortigen Brücke 5 Minuten die Straße entlang nach Süden; Sa geschlossen). Rückmarsch auf der Westseite teils entfernt vom Ufer und hügelig.

Das Museumsdorf ermöglicht eine Reise in die Vergangenheit.

tene – versetzt in eine Zeit zurück, in der nicht alle zur Schule gehen durften. Auf einem modernen Spielplatz toben Kids herum oder schließen Freundschaft mit Esel Salimbo, Schafen, Ziegen oder herumstreunenden Katzen. Außer montags krönen Vorführungen alter Handwerkskunst den Rundgang. Es werden Stoffe bedruckt, Fleckerlschuhe genäht oder Krapfen gebacken.

Tipp
Ein Spaziergang um den nahen **Dreiburgensee** dauert 30 Minuten, im Sommer erfrischt ein kühles Bad.

57 Ein heißer Badespaß

Der Familien-Badeabend in der Therme Bad Birnbach

Freitags lockt von 17.30 bis 21 Uhr ein Spartarif Familien mit Kindern bis 14 Jahren zum Baden in die Thermenwelt im Vitarium der Rottal Terme.

Wo Erholungssuchende sonst in Ruhe baden, geht es zu Beginn des Wochenendes lebendiger zu. Denn am Familien-Badeabend schwimmen Groß und Klein in der Thermenwelt im Vitarium im gemäßigten 26 °C warmen Außenbecken ein paar Runden, gleiten mit Poolnudeln wie eine Seerose durch den Thermenbach oder entspannen in einem der weiteren Außen- und Innenbecken gemütlich wie in der Badewanne. Auch Kleinkinder sind willkommen, sollten allerdings sauber sein und – wie auch Erwachsene – ein gesundes Herz haben.

- **Anfahrt:** Über die B 388; der Thermenparkplatz ist ab 18 Uhr kostenfrei
- **Öffnungszeiten:** Familienabend Fr 17.30–21 Uhr (außer an Eventfreitagen); regulärer Betrieb täglich 9–21 Uhr
- **Preise:** Familienabend Erwachsene 9,90 Euro inkl. drei Kinder bis 14 Jahre; regulär bis 6 Jahre frei, ab 6 Jahren voller Eintritt (z.B. 3 Std. 30 Min. 13,90 Euro)
- **Altersempfehlung:** Ab 2–3 Jahren
- **Information:** Rottal Terme, Prof.-Drexel-Str. 25-27; Tel. 08563/29 00, www.badbirnbach.de
- **Einkehr:** Albrechts im Bad, Eissalon Il Gelato und Rottaler Stuben (günstige Kindergerichte), jeweils Pfarrkirchner Straße

Beliebt bei Jung und Alt: der Thermenbach.

Tipp

Berg und Tal charakterisieren den Golfpark Bella Vista westlich von Bad Birnbach. Für erste Versuche sowie für Minigolf-Fans eignet sich der dortige **spiel!Golf-Parcours** perfekt. Die Bahnen aus Kunstrasen ähneln Greens, gespielt wird mit echten Puttern, Familien 6 Euro.

Hügelland anno dazumal 58

Im Bauernhofmuseum Massing dem einstigem Landleben auf der Spur

Von Hof zu Hof und mitten in altehrwürdige Häuser hinein schlendern Familien auf dem knapp zwei Kilometer langen Rundweg durchs Freilichtmuseum.

Alle Gebäude stehen offen, sodass Kids in Küchen, Wohn- und Schlafzimmern nachvollziehen können, wie die Menschen im niederbayerischen Hügelland früher lebten und arbeiteten. Schusteröder- und Kochhof sind zwei regional typische Vierseithöfe, die anderen verkörpern alternative Bauweisen. Seit 2010 gibt es eine alte Seilerei zu bestaunen. Auf dem Marsch von Hof zu Hof kreuzen gackernde Hühner, in einem Stall grunzen Schweine. Bisweilen führen Handwerker und Bäuerinnen ihr altes Können vor. Hinter dem urigen Brotzeitstüberl nimmt der Nachwuchs auf dem Spielplatz Fahrt auf.

Der typische Rottaler Schusteröderhof

Tipp

Das Geburtshaus der Künstlerin **Berta Hummel** am Marktplatz 32 in Massing zeigt mehr als ihre weltbekannten Figuren. Geöffnet Mo–Sa 9–17 Uhr, So 10–17 Uhr, Erwachsene 5 Euro, Kinder 3 Euro, Kombi-Karten mit Freilichtmuseum, Tel. 08724/96 02 50, www.hummelmuseum.de.

- **Anfahrt:** Über die B 388; Bahn: DB-Strecke Mühldorf–Passau, ab Bahnhof Massing 10 Min. Fußweg nördlich der Gleise in Richtung Westen
- **Öffnungszeiten:** Mitte März bis April und Oktober 9–17 Uhr, Mai bis September 9–18 Uhr, Mo geschlossen
- **Preise:** Erwachsene 5 Euro, 6–17 Jahre 3 Euro, Familien 11 Euro
- **Altersempfehlung:** Ab 3 Jahren
- **Information:** Freilichtmuseum, Steinbüchl 5, 84323 Massing, Tel. 08724/960 30, www.freilichtmuseum.de
- **Einkehr:** Museumsstüberl

Spaßbäder – Badevergnügen drinnen

59–69 Bombenstimmung im Wasser

Die schönsten Spaßbäder der Region

Über Freibäder, Badeseen und Weiher freuen sich Wasserraten im Sommer vielerorts. Hier finden Sie Spaßbäder, die das ganze Jahr über Saison haben – teils mit großen Badelandschaften, teils kleiner, aber fein.

59 AQUAtherm Straubing

Größeres Freibad, stattliches Hallenbad mit Warmwasserbecken im Freien, Kleinkinder- und Spaßbereich sowie Dampfsauna; geöffnet von 8 bis mindestens 21 Uhr, Mo ab 17 Uhr, 3 Std. Erwachsene 3,50 Euro, 6–15 Jahre 2,10 Euro, Familientageskarte 13,10 Euro; Wittelsbacherhöhe 50-52 (nahe Zentrum), 94315 Straubing, Tel. 09421/86 44 50, www.stadtwerke-straubing.com.

Während die Kleinen im Wasser herumtoben, entspannen Große lieber.

Einen kräftigen Schwall in Ehren kann keiner verwehren.

60 Panoramabad Arnbruck

Kleineres Bad mit Sauna sowie Kinderbereich mit Seehund Pano; geöffnet Di–Do 14–21 Uhr, Fr 16–21 Uhr (ab 18 Uhr Aqua-Disco), Sa/So 14–19 Uhr, Do/Fr Warmbadetag, Familientageskarte 9,50 Euro; Gemeindezentrum 2, 93471 Arnbruck, Tel. 09945/94 10 20, www.panoramabad-arnbruck.de.

61 Osserbad Lam

Mittelgroßes, modernes Ganzjahresbad mit Kinderbereich samt Rutsche und Sauna; geöffnet 10–19 oder 21 Uhr, saisonale Ruhetage (oft Di), Familientageskarte (Maxi-Karte) 14,50 Euro; Schulweg 4, 93462 Lam, Tel. 09943/28 82, www.osserbad.de.

62 Erlebnisbad in Zwiesel (ZEB)

Mit Kinder-Erlebniswelt und Dampfsauna, klein, aber fein, nebenan Bayerwald-Sauna; geöffnet Mo 12.30–17 Uhr, Di–Fr 12.30–20 Uhr, Sa 10–20 Uhr, So 10–18 Uhr, Ferienzeit täglich 10–18 oder 20 Uhr, Ende Herbstferien bis 24. Dez geschlossen, 3 Std. Erwachsene 5 Euro, 6–15 Jahre 2,50 Euro, Familien 10 Euro, Familientageskarte 16 Euro; Badstr. 4 (nördlich Bahnhof), 94227 Zwiesel, Tel. 09922/50 10 40, www.stadtwerke-zwiesel.de.

63 Elypso Deggendorf

Großes Freibad und Hallenbad mit allen erdenklichen Becken inklusive Kinderland mit Rutschen sowie Saunawelt; geöffnet Mo–Fr 10–22 Uhr, Sa/So 9–21 Uhr, 3 Std. Erwachsene 5,50 Euro, 6–16 Jahre 4 Euro, Familien 15 Euro, Familientageskarte 19 Euro; Sandnerhofweg 4-6 (zwischen Plattling und Deggendorf, Anfahrt über A 92, Ausfahrt Plattling Nord oder Deggendorf Mitte und Donaubrücke/Hauptstraße), 94469 Deggendorf, Tel. 0991/289 60, www.elypso.de.

64 Sonnen-Therme Eging am See

Kleines, aber feines Bad mit Tendenz zur Wellness-Oase, Planschbecken und Spielbereich; geöffnet von 9 bis mindestens 20 Uhr, Erwachsene 7 Euro, bis 14 Jahre 3 Euro; Mühlbergstr. 5, 94535 Eging am See, Tel. 08544/87 78, www.sonnen-therme.de.

65 Karoli Badepark Waldkirchen

Freibad sowie Hallenbad mit Mediterraneum zum Wohlfühlen; geöffnet von 10 bis mindestens 20 Uhr, 3 Std. Erwachsene 5 Euro, 6–18 Jahre 2,50 Euro, Familien 10 Euro, Familientageskarte 16 Euro; Vdk-Heim-Straße 1, 94065 Waldkirchen, Tel. 08581/98 69 90, www.waldkirchen.de.

66 Passauer Erlebnisbad (peb)

Modernes, großräumiges Ganzjahresbad mit allen Schikanen, darunter 90-Meter-Rutsche, Erlebnis- und Planschbecken, Sauna und Wellness; geöffnet täglich 8–22 Uhr, 3 Std. Erwachsene 6 Euro, 6–18 Jahre 4 Euro, Familien 13 Euro; Messestr. 7 (zwischen den A 3-Ausfahrten Passau Mitte und Passau Süd), 94036 Passau, Tel. 0851/56 02 60, www.passauer-erlebnisbad.de.

67 Caprima Dingolfing

Besonders kinderfreundliches Ganzjahresbad mit Plansch- und Heißwasserbecken, Wellen-

Info

- Alle Hallenbäder verfügen natürlich auch über Schwimmerbecken
- Die bei Druck des Buches ausgewählten Angaben beziehen sich auf die Hallenbadsaison im Winterhalbjahr
- Freibadpreise sind in der Regel günstiger
- Sauna/Wellness kostet großenteils extra
- In allen Bädern gibt es Kioske oder Gaststätten
- Heiligabend und Neujahr haben einige Bäder geschlossen oder eingeschränkt geöffnet

Peppig: Strömungskanal im Passauer Erlebnisbad.

bad, Palmengrotte sowie Sauna/Wellness; geöffnet täglich 10–22 Uhr, Familientageskarte 13 Euro; Stadionstr. 44, 84130 Dingolfing (nahe Zentrum), Tel. 08731/46 14, www.caprima.de.

> **Tipp**
> Für einen langen Badetag bei Schmuddelwetter bietet das **Caprima** das beste Preis-Leistungs-Verhältnis.

68 Ergomar Ergolding (Landshut)

Freibad und weitläufiges Hallenbad samt Erlebnis- und Außenwarmbecken, Großrutsche und Kleinkinderbereich sowie Sauna und Wellness; geöffnet Mo/Di/Mi/Fr 13–22 Uhr, Do/Sa/So 10–22 Uhr, Ferienzeit immer ab 10 Uhr, 3 Std. Erwachsene 5,50 Euro, 6–15 Jahre 3 Euro, Familien 14 Euro; Industrie Str. 7, 84030 Ergolding im Nordosten von Landshut, Tel. 0871/737 71, www.ergomar-ergolding.de.

69 Keldorado Kelheim

Großes Frei- und Hallenbad mit allen erdenklichen Becken außen wie innen sowie 85-Meter-Rutsche, Sanarium und Dampfbad; geöffnet Mo–Fr 9–21 Uhr, Sa/So 9–20 Uhr, 3 Std. Erwachsene 5 Euro, 7–18 Jahre 2,50 Euro, Tageskarte 7 bzw. 3,50 Euro; Rennweg 60 (nördlich Altmühl), 93309 Kelheim, Tel. 09441/22 67, www.keldorado-kelheim.de.

Feste

70 Feste feiern, wie sie fallen

Feste, Brauchtum und für Familien geeignete Events

Familien feiern gerne auf traditionellen Volksfesten, historischen Stadtfesten oder bunten Märkten. Hier finden Sie eine Auswahl kindgerechter Events. Zusätzlich geben die Tourist-Infos vor Ort über bunte Kinderlandtage, Erlebniscamps sowie Ferienprogramme gerne Auskunft.

Januar bis Mai

- Beim Schlittenhunderennen in Haidmühle nahe dem Dreiländereck starten Gespanne aus ganz Europa; Ende Februar jeweils Sa/So ab 10 Uhr; www.sc-haidmuehle.de.
- Vielerorts finden Faschingsumzüge mit geschmückten Wagen statt, vor allem am letzten Wochenende vor Aschermittwoch.
- Maibaumaufstellen ist Tradition in vielen niederbayerischen Dörfern rund um den 1. Mai, Maibaumklettern teils später.

Immer wieder schön: Kinderschminken.

- Beim Pfingstritt zu Bad Kötzting bekommen Pferdefreunde bis zu 1000 Reiter zu Gesicht. Der Zug führt am Pfingstmontag durchs Zellertal nach St. Nikolaus in Steinbühl und wieder zurück, www.bad-koetzting.de.

Juni

- Märchenzeit heißt es bei den Schwarzenburg-Festspielen Rötz, 20 km nördlich von Cham in der benachbarten Oberpfalz; Ende Mai bis Ende Juni meist Sonntagnachmittag, www.schwarzenburg-festspiele.de.
- Sonnwendfeuer lodern vielerorts am Wochenende rund um die Sommersonnwende am 21. Juni, ungewöhnlich in Riedenburg im Altmühltal mit Schiffskonvoi, www.schiffahrt-kelheim.de.

Lanzenstecher bei den Ritterspielen im Rahmen der Landshuter Hochzeit.

Juli

- Die Landshuter Hochzeit versetzt nur alle vier Jahre (jeweils ab Ende Juni 2013, 2017, 2021) die Altstadt drei Wochen lang zurück ins Mittelalter. Höhepunkt ist der Hochzeitszug jeweils sonntags ab 14 Uhr. Kinder mögen zudem die Ritterspiele im Anschluss an den Umzug, ganz besonders gefällt das Lagerleben (Fr ab 18 Uhr mit vielen Vorführungen, Sa ab 17 Uhr und So ab 16 Uhr auf dem Zehrplatz beim Volksfestplatz), www.landshuter-hochzeit.de.
- Die Marktrichtertage in Waldkirchen entführen ein Wochenende lang in die Barockzeit und erinnern an die Verleihung der Marktrechte, www.waldkirchen.de.

Auf dem Straubinger Gäubodenfest läuft es richtig rund.

August

- Das Pichelsteinerfest (letzter Freitag im Juli bis erster Mittwoch im August) in Regen ist das traditionsreichste Volksfest im Bayerwald; Höhepunkte: Gondelfahrten auf dem Regen am Samstagabend, Festzug sonntags sowie Ausgabe des Pichlsteinereintopfes ab Montagmittag, www.pichelsteinerfest.com.

- Auf dem Straubinger Gäubodenfest ab dem zweiten Freitag im August auf dem Festplatz am Hagen drehen sich elf Tage lang ab 11 Uhr Riesenrad und Karussell; Bayerns Volksfest Nummer zwei nach dem Münchner Oktoberfest, www.volksfest-straubing.de.

- Der Kinderlandtag Zwiesel lädt Kinder an wechselnde Orte innerhalb der Gemeinde ein (z.B. 2012 nach Rabenstein) und findet in der Regel am ersten August-Sonntag statt, www.zwiesel-tourismus.de; vergleichbare Events auch andernorts, z.B. in Grafenau.

- Der Drachenstich in Furth am Nordrand des Bayerwaldes in der Oberpfalz gilt als ältestes Volksschauspiel Deutschlands. Spielzeit ab der zweiten August-Woche mit Riesenfestumzug, zudem gefällt das Mittelalter-Lager Cave Cladium am dritten Sonntag im August sowie das Kinderfest auf dem Schlossplatz Sa/So, www.drachenstich.de.

September

- Das Karpfhamer Fest im Rottaler Bäderdreieck ist das drittgrößte altbayerische Volksfest nach Oktoberfest und Gäubodenfest; Ende August oder Anfang September von Freitag bis Dienstag, www.karpfhamerfest.de.
- Das Schlossfest Freyung auf Wolfstein prägt das erste September-Wochenende mit seinem bunten historischen Treiben, www.freyung.de.
- Das Gillamoos in Abensberg in der Hallertau gehört zu den bekanntesten Volksfesten Bayerns und öffnet von Do–Mo um den ersten Sonntag im September seine Pforten, www.gillamoos.de.

Oktober bis Dezember

- Nicht nur Pferdefreunden gefallen die Leonhardiritte zur Ehren des Schutzpatrons der Vierbeiner, etwa in Neureichenau (So nach dem 6. November), Grongörgen nördlich von Bad Griesbach (letzter So im Oktober) oder Aigen am Inn (erster So im November).
- Im Advent locken vielerorts stimmungsvolle Christkindl- und Weihnachtsmärkte. Kinderpunsch gibt es z.B. auf dem Straubinger Stadtplatz mit Wintermärchenwald, am Oberen Stadtplatz in Deggendorf, in Passau vor dem Dom, in Landshut auf dem Vorplatz von St. Jodok (jeweils durchgängig) sowie in Freyung an der Stadtpfarrkirche mit lebender Krippe (an allen Wochenenden im Advent), auf dem schwimmenden Markt an der Donau in Vilshofen (erste drei Adventswochenenden) oder in der Schweinhütter Waldweihnacht zwischen Regen und Zwiesel (zweites und drittes Adventswochenende).

Mittelalterliche Feste liegen voll im Trend.

Orts- und Sachregister

Unser komplettes Programm:

www.j-berg-verlag.de

Produktmanagement: Kerstin Thiele
Lektorat: Christian Schneider, München
Layout: Eva-Maria Klaffenböck, grafikatelier-luk, München
Kartografie: Heike Boschmann, Computerkartografie Carrle, München
Repro: Cromika s.a.s., Verona
Herstellung: Barbara Uhlig
Printed in Italy by Printer Trento S.r.l.

Alle Angaben dieses Werkes wurden vom Autor sorgfältig recherchiert und auf den aktuellen Stand gebracht sowie vom Verlag geprüft. Für die Richtigkeit der Angaben kann jedoch keine Haftung übernommen werden.
Für Hinweise und Anregungen sind wir jederzeit dankbar. Bitte richten Sie diese an:
J. Berg Verlag in der Bruckmann Verlag GmbH
Postfach 400209
D-80702 München
E-Mail: lektorat@verlagshaus.de

Bildnachweis: Alle Bilder stammen von Autor Herwig Slezak, außer S. 1, 3, 9, 10, 12, 104/105, S. 129: Freilichtmuseum Massing; S. 17: Tiergarten; S. 22/23: Waldwipfelweg; S. 24/25: Egidi-Buckel; S. 27: Tierpark; S. 31: Arber-Bergbahn; S. 33: Tourismus Bodenmais; S. 37: National-park; S. 40: Ingo Brauer; S. 49: Rainer Pöhlmann; S. 53: Stadt Regen; S. 55: Geißkopfbahn; S. 57: Landkreis Deggendorf; S. 61: Sonnenwald Tourismus; S. 74/75: Gemeinde Breitenberg; S. 76/77: Tourismusbüro Waldkirchen; S. 80/81: LBRMedia; S. 82/83: Passau Tourismus; S. 84: Innschifffahrt; S. 85: Vogelpark; S. 86: Wildpark; S. 87: Hartl Resort; S. 89: Gertrud Dilling; S. 90: Vatikan; S. 93: Erlebniswelt; S. 97: Stadt Landshut; S. 98/99: Vogelpark; S. 100: Katharina Megele; S. 101/102: Touristinfo Riedenburg; S. 103: Personenschifffahrt Stadler; S. 106/107: Schulerloch; S. 111: Joska; S. 122: Freilichtmuseum Finsterau; S. 123: Peter Manev; S. 125: ObehausMuseum; S. 127: Museumsdorf; S. 128: Rottal Terme; S. 130/131: Elypso; S. 132: Karoli-Badepark; S. 133, 135: SWP/Bettina Fersch; S. 136/137, 140/141: Die Förderer/O. Hassler; S. 138: Stefan Gruber; S. 139: Tourismus Straubing.
Umschlagvorderseite: Rottaler Geschwister auf einem alten Bulldog
Umschlagrückseite: Burgruine Weißenstein auf dem Pfahl bei Regen (Stadt Regen)

Die Deutsche Nationalbibliothek verzeichnet diese Publikation in der Deutschen Nationalbibliografie; detaillierte bibliografische Daten sind im Internet über http://dnb.d-nb.de abrufbar.

ISBN 978-3-86246-020-5